부동산 투자 필승 공식

※ 일러두기
1. 부동산 관련 용어들을 설명하고자 신조어 및 줄임말을 사용했음을 밝힙니다.
2. 표와 지도, 이미지에서 이 책의 맞춤법 규정과 다른 부분이 있음을 밝힙니다.

부동산 투자 필승 공식

초판 1쇄 발행 2021년 3월 25일

지은이 김도형(숙주나물)
발행인 조상현
마케팅 조정빈
편집인 김주연
디자인 Design IF

펴낸곳 더스(더디퍼런스)
등록번호 제2018-000177호
주소 경기도 고양시 덕양구 큰골길 33-170
문의 02-712-7927
팩스 02-6974-1237
이메일 thedibooks@naver.com
홈페이지 www.thedifference.co.kr

ISBN 979-11-6125-298-8

| 더스 | 더디 | 더디퍼런스 | 마이북 |

평생 적용할 수 있는 투자의 기본서

부동산 투자
필승 공식

김도형(숙주나물) 지음

더스

부자가 될 미래를 꿈꾸는
지금 이 시간이 행복이다

나의 투자는 현재 진행형이다

나는 흙수저였다. 어린 시절 나를 포함해 다섯 식구는 단칸방에서 셋방살이를 했고, 화장실도 없어서 세 가족이 함께 쓰는 공동 화장실을 가야만 했다.

성인이 되고 결혼을 하면서 더 이상 가난하게 살고 싶지 않았다. 아니 부자가 되고 싶었다. 마침 우연히 부동산 책을 읽은 후 부자가 되는 방법을 찾은 것 같아 잠을 이루지 못할 정도로 설레었다. 빨리 투자해서 하루 빨리 부자가 되고 싶은 마음뿐이었다. 그때는 무슨 자신감이었는지 경험이 없는데도 투자만 하면 돈을 벌 수 있을 것만 같았다. 나는 책에서 본 대로 곧바로 실행했다. 주말마다 지방으로 아내와 같이 임장을 다녔고, 수익률을 극대화하기 위해 싸고 낡은 아파트만 중점적으로 투자했다. 심지어 인테리어 비용을 아끼기 위해 직접 수리를 했다. 처음이다 보니 페인트를 뒤집어쓰는 일도 다반사였고, 다치는 일도 비일비재했다. 몸은 고됐지만 열심히 하면 좋은 결과가 있을 거란 희망에 열정을 불태웠고, 노력에 대한 보상을 꿈꾸며 참고 인내했다.

그런데 어찌된 일인지 투자한 아파트 모두 매매가가 하락하기 시작했다. 8,200만 원에 매수한 지방 아파트는 매입한 날부터 7,000만 원.. 6,000만 원.. 5,000만 원.. 4,000만 원.. 바닥이 어딘지 모를 정도로 떨어졌다. 너무 어이가 없는 나머지 아내에게 "이러다 0원 되겠다" 하며 실성한 듯 둘이서 한참을 웃었다. 자조적인 웃음이긴 했지만 마냥 웃고만 있을 상황이 아니었다. 심지어 하락하는 아파트가 한두 채가 아닌 6채나 됐기 때문이다. 하락한 아파트들의 금액을 모두 합쳐 보니 무려 1억을 넘었다. 엎친 데 덮친 격으로 당시 비트코인까지 잘못 투자하는 바람에 4천만 원의 손실이 난 상태였다.

투자만 하면 부자가 될 수 있을 거란 희망에 열정을 불태웠는데 결과는 마이너스 2억 원에 달했다. 하지만 절망에 빠질 겨를도 없었다. 곧 겨울이 오자 보일러가 터졌다는 임차인들의 전화를 받느라 정신이 없었기 때문이다. 동시에 다섯 군데서 보일러가 터진 적도 있다. 낡은 아파트였기 때문에 임차인들의 수리를 요구하는 전화가 잦았고, 그날은 여지없이 돈이 깨지는 날이었다. 그 와중에 한 아파트는 역전세까지 발생해 무려 3천만 원이 급하게 필요했다. 안 좋은 일은 정말 한꺼번에 오는구나 싶었다.

결국 역전세 금액을 메꾸기 위해 빚을 져야 했다. 우리 부부는 회사 월급까지 전부 역전세 금액과 수선비에 투입해야 하는 상황이었다. 임대인의 속이 타들어 가는지도 모르는 임차인들은 보일러뿐 아니라 다른 여러 문제로 하루가 멀다 하고 전화를 해 왔다. 그냥 다 포기하고 주저앉아 울고 싶은 심정이었다. 걱정이 이어지고 신경이 날카로워지다 보니 부부싸움도 잦아졌다. 아내와 행복하게 살기 위해 투자를 시작했는데 오히려 투자를 하고 나서 불행에 빠져버린 것이다.

이런 상황이 지속되니 '투자는 나와 맞지 않구나' 싶은 생각이 들었다. 내가 무슨 부귀영화를 누리려고 이 고생을 하나 싶었다. 하지만 이대로 무너지고 싶지는 않았다. 다시 이를 악물고 버텨보기로 결심한 후 '도대체 어디서부터 잘못된 걸까?' 매일 같이 고민했다. 문제점을 파악하기 위해 절치부심하는 마음으로 부동산 공부를 처음부터 다시 시작했다. 시중에 나온 책과 강의를 모조리 읽고 들었다. 한 해에 쓴 강의비만 천만 원이 넘을 정도였다. 동시에 내가 가장 잘할 수 있는 게 무엇인지 고민했다. 평생 빌라에 살았던 경험을 토대로 빌라 투자를 제대로 해 보기로 마음먹었다. 매일 퇴근하고 빌라 3채 이상을 꾸준히 임장하니 한 달 동안 100채 정도 볼 수 있었다. 빌라를 많이 보다 보니 저평가된 빌라가 눈에 들어왔고, 그만큼 싸게 살 수 있어서 수익을 내는 데 큰 어려움이 없었다. 나는 그렇게 해서 2년 만에 무려 2억의 투자금을 모을 수 있었다.

내가 가장 자신 있는 분야인 빌라 투자를 하면서 비로소 수익을 낼 수 있던 것이다. 2억의 투자금과 레버리지를 활용해 그동안 처절하게 실패했던 아파트 투자를 제대로 해 보기로 했다. 2018년 서울 아파트를 시작으로, 2019년 대전 아파트, 부천 아파트와 분양권, 광명 입주권, 2020년 포항 아파트, 원주 분양권을 사이클에 따라 차례대로 투자했다. 그리고 지금 나는 순자산 25억을 달성했다.

처음 투자했던 2년 동안은 나락으로 떨어졌고, 일 년 동안 절치부심해서 공부한 끝에 최근 2년 만에 이룬 놀라운 성과다. 하지만 벌써부터 샴페인을 터뜨리고 싶지는 않다. 솔직히 마냥 기쁘거나 좋지만은 않다. 지금까지 드는 생각은 '여기까지 올 수 있어 정말 다행이다' 정도이다. 폭등장과 폭락장을 5년 동안 경험하다 보니 팔기 전까지는 얼마든지 시장 상황에 따라 순자산은 변동되기 마련이란 것을 체득했기 때문이다. 수익을 실현하기 전까지는 얼마든지 사라질 수 있는 사이버머니일 뿐이다.

그래서 투자자로서 은퇴를 하기 전까지는 지금의 성과를 논하고 싶지 않다. '투자의 신'이라고 불리는 워런 버핏도 2020년 1분기에만 60조 원을 잃지 않았는가. 이처럼 투자는 끝날 때까지 끝난 게 아니다. 단지 지금 큰 수익을 냈다고 해도 성공을 논할 수 없는 진행형일 뿐이다. 당장 실패했다고 해도 미래에는 성공할 수 있고, 당장 성공해도 자만해서 실패할 수 있는 것이 투자의 세계다.

앞으로 나는 순자산 25억에서 더 불릴 수도 있고, 잃을 수도 있다. 그러나 나는 계속해서 성공해 나갈 것을 다짐한다. 끝날 때까지 실패는 실패가 아니고, 성공도 성공이 아니므로 은퇴하기 전까지는 대응하며 투자할 뿐이다.

비록 처음에는 투자에 실패했어도 나는 포기하지 않았고 현재 놀라운 성과를 거두고 있다. 여러분에게 말하고 싶은 건 바로 이것이다. 당장 투자에 실패했다고 포기하지 말자. 포기하면 그 순간 바로 시합 종료다. 우리의 투자는 현재 진행형이어야 한다.

내가 정부 정책을 비판하는 이유

정부가 부동산 규제를 하는 이유는 무엇일까?
한 달에 80만 원을 10년 동안 꼬박 저축해야 1억을 모을 수 있다.

그만큼 10년을 피땀 흘려 일하고 저축해도 1억 모으기가 쉽지 않다는 뜻이다. 그런데 주변에서 부동산 투자로 단 몇 개월 만에 1억, 2억, 3억 이상 벌었다는 이야기를 들으면 어떤 기분이 드는가? 노동 의욕은 꺾일 것이고, 너도 나도 부동산 투자에 열을 올릴 것은 자명하다. 이런 상황을 정부도 우려하고 있고, 집은 사는(buy) 것이 아닌 사는(live) 곳이라고 말하며 투기와의 전쟁도 마다하지 않는 것이다.

정부의 규제로도 집값이 안정되지 않으면 정부의 시장 개입은 더욱 심해진다. 그럴수록 시장 왜곡을 불러오기 때문에 나는 정부 정책이 잘못됐다고 판단하면 비판도 마다하지 않는다. 그리고 정부 정책에 대한 비판이 잦아지면 불편한 사람들이 있을 수밖에 없다. 솔직히 정부 정책을 비판하지 않는 게 내가 투자의 세계에서 오랫동안 활동하는 데 현명한 방법임을 알고 있다. 여야의 지지율이 반반이니 비판하지 않으면 모두에게 반감을 사지 않을 테니 말이다. 그런데 내 마음이 그렇게 내버려 두지 않는다. 지나친 규제는 시장의 질서를 파괴한다. 사유 재산을 침해하려는 정책들을 남발하고, 까딱 잘못해 정책을 어기면 벌금이나 징역을 가야 하는 세상이 됐기 때문이다.

보유세를 계산해 보자. 서울 공시가 5억, 30평대 아파트 2채를 보유하면 2018년 296만 원에서 2022년 1,293만 원으로 보유세

가 무려 4배나 상승한다. 문제는 보유세가 앞으로 계속 늘어난다
는 점이다.

출처: 호갱노노

양도세는 지방소득세까지 포함하면 최고 세율이 80%가 넘어
간다. 취득세, 법무비, 수리비, 보유세를 감안하면 팔아도 사실상
실익이 거의 없다.

청약에 당첨되고 입주 가능일로부터 6개월 내에 기존 주택을
팔지 않거나, '토지 거래 허가 구역' 내에 주택을 함부로 사고팔면
벌금 또는 징역이 구형된다.

보유세를 강화할수록 임대인은 보유세만큼 월세로 전환하거

나 보증금 금액을 올려서 임차인에게 전가할 것이다. 투자자 입장에서는 팔아도 남는 게 없고, 잘못하면 벌금도 내야 하며, 앞으로 집값이 오를지 모르는 불확실성에 보유세를 1,300만 원씩 내면서까지 전세를 제공할까 의문이 든다. 이런 세상에서는 그 누구도 다주택을 보유하지 않고, 그러면 임대주택도 감소하기 때문에 결국 임대주택 공급 부족으로 임대료는 폭등할 수밖에 없다.

【 OECD국가 가계지출 중 주거비 비율 】

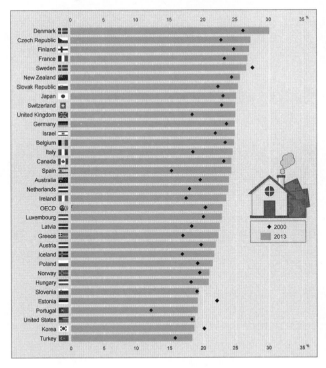

믿기 힘들겠지만 우리나라는 OECD국가 중에서 주거비 부담이 가장 낮은 나라다. 전세 제도 덕분이라고 생각한다. 투자자들이 전세 레버리지 투자를 해서 전세를 놓으면 월세와 달리 당장의 수익이 생기는 것은 아니지만 미래에 얻을 소득을 위해 현재 소득을 과감하게 포기하고 임대주택을 제공한 결과라고 할 수 있다.

그런데 부동산 규제로 투자자들이 사라지면 어떻게 될까? 적극적으로 주택을 구매할 투자자들이 사라지므로 건설사도 집을 안 짓게 되고 신규 주택 공급도 차질을 빚을 수밖에 없다. 오히려 집값을 잡기 위한 정부의 노력으로 인해 집값과 임대료 모두 폭등하는 역설적인 현상이 발생하는 것이다. 또한 집값이 오르면 또 규제가 나오는 악순환에 빠진다. 그러면 다주택자도 집값이 아무리 오른다 한들 세금으로 대부분 환수되므로 좋을 게 없고, 무주택자도 폭등하는 임대료로 고통받을 뿐이다. 그 누구에게도 좋지 않은 결과로 부동산 시장의 왜곡만 초래하기 때문에 나는 잘못된 정책이 나오면 강력하게 비판한다.

비판을 할수록 반대 입장인 사람은 거부감이 들고, 블로그나 카페에 악성 댓글로 공격하기도 한다. 그럼에도 정부 정책을 비판하는 이유는 내 글을 보는 사람 중 단 한 명이라도 생각이 달라진다면 그것이 세상을 바꾸는 힘이 된다는 믿음이 있기 때문이다.

솔직히 정부 정책을 비판하는 글을 쓸 때 나 역시 두렵기도 하다. 악성 댓글이 달릴까 봐, 누군가에게 원한을 살까 봐, '내 까짓 게 뭐라고' 괜히 세상을 건드린 대가를 생각보다 크게 치를 수도 있다는 생각에 무섭다. 하지만 그래도 나는 용기 내어 글을 쓴다. 감히 타인을 위한 이타심이라고 말하고 싶지 않다. 나로 인해 단 한 명이라도 바뀐다면 나도 마음껏 눈치 보지 않고 글을 쓸 수 있고, 시장 개입이 완화되면 열심히 노력해서 돈을 벌 수 있는 환경을 찾을 수 있기 때문이다. 즉, 나를 위해서, 내가 돈을 벌기 위해서 시장 개입을 과도하게 하는 정부 정책을 비판하는 것이다. 아담 스미스의 '개인이 오직 자신만의 이익을 위해 경쟁하는 과정에서 사회 구성원 모두에게 유익한 결과를 가져온다'는 말을 나는 믿는다.

집권 여당과 정부를 비판한다고 해서, 내가 야당을 좋아한다는 뜻은 아니다. 여당과 정부를 비판하는 게 야당을 대변하거나 지지하는 것으로 생각하지 않았으면 좋겠다. 야당이 집권당이 돼서 사유 재산을 과하게 침해하고, 시장을 심하게 왜곡시킨다고 판단되면 나는 지금과 똑같이 비판할 것이다.

잘못된 정책은 잘못된 결과를 낳는다. 이는 우리 모두가 짊어지고 책임져야 한다. 그렇기에 나는 적절한 방향으로 정책이 나올 수 있도록 비판하는 것을 마다하지 않는다.
여론의 힘이 곧 정책을 만들기 때문에 개개인 모두 올바른 경제

지식을 갖추기를 소망하는 바람으로 비판한다. 그래야 우리 사회가 옳은 방향으로 나아갈 거라고 믿는다.

나는 애국자다

나는 이사를 하기 위해서 기존 주택을 팔아서 양도소득세를 낸다. 건설사가 지은 주택을 중개사를 통해 소개받아 계약서를 작성하고, 잔금 날에 맞춰 은행에서 대출을 받는다. 이후 법무사를 통해 소유권 이전을 하고, 내 집이 됐으니 취향에 맞게 인테리어를 하고, 마음에 드는 가전과 가구를 산다. 드디어 이삿날이 되면 이삿짐센터를 이용해 편하게 이사하고, 그날 저녁 중식집에서 짜장면과 탕수육을 배달해 먹으면 이사가 마무리된다. 나는 이러한 이사를 매년 다닌다.

집을 사서 이사를 자주 다니다 보니 건설사는 사 줄 사람이 있으니 건축비를 벌고, 중개사는 계약을 도와서 중개수수료를 벌고, 은행은 대출 이자를 벌고, 법무사는 법무 수수료를 벌고, 이삿짐센터는 이사비를 벌고, 실내장식 업체는 공사비를 벌고, 가전, 가구 기업이나 매장은 상품을 팔아서 돈을 벌고, 정부는 취득세, 보유세, 양도세 등 세금을 번다.

나의 거래를 통해 모두가 돈을 벌었으니 나는 경제 활성화에 크게 이바지한 셈이다. 이렇듯 모두가 돈을 벌 수 있던 것은 누군가가 집값이 하락할 거란 위험을 감수하며 집을 샀기 때문이다. 바로 나 같은 투자자가 적극적으로 집을 사고팔며 이사를 다닌 덕분이라는 뜻이다. 뿐만 아니라 투자자가 집을 많이 사서 가격이 꾸준히 올라야만 공동주택은 재개발 및 재건축 등 정비사업을 진행할 의지가 생기게 된다. 왜냐하면 정비사업을 통해 새 아파트를 지을 때 건축비만큼 집값이 상승하지 못한다면 손해를 볼 수 있기 때문이다. 손해를 조금이라도 보고 싶지 않은 조합원들은 반대할 것이고, 그에 따라 주택 가격이 상승하지 않는다면 정비사업을 하려는 조합원들의 의지는 꺾이고, 진행은 차질이 생기면서 도시는 시간이 갈수록 슬럼화가 진행된다. 그래서 정비사업을 하려면 집값이 꾸준히 올라야 한다. 게다가 정비사업을 많이 할수록 건설사는 사람도 많이 뽑는다. 즉, 투자자는 일자리도 만드는 셈이다.

나는 비록 투기꾼이라고 조롱을 당하지만 실상은 세금도 많이 내고, 경제 성장도 돕고, 도심의 슬럼화도 막고 있다. 이처럼 사회에 기여를 많이 하는 애국자다.

행복하려면 남과 비교하지 말자

'행복'이란 단어를 네이버 국어사전에서 찾아보면 생활에서 충분한 만족감과 기쁨을 느끼어 흐뭇한 상태라고 정의한다.《인간의 모든 감정》의 저자 최현석은 '행복이란, 주관적인 만족과 기쁨을 느끼는 상태'라고 말했다.

그렇다면 우리나라 국민은 얼마나 행복할까? 2015년 대한신경정신의학회는 서울과 6대 광역시에서 만 20~59세 남녀 1,000명을 대상으로 '정신건강과 행복'이라는 설문조사를 진행했다. 그 결과 우리나라 성인 중 36%가 자신이 행복하지 않다고 느끼는 것으로 나타났다. 전체 대상자 중 1/3 정도가 우울, 불안, 분노 같은 정서적 문제를 가지고 있었다. 특히 우울증과 불안장애가 의심되는 비율은 각각 28%와 21%로 나타났고, 분노조절 장애가 의심돼 전문가 상담이 필요한 대상자도 11%에 달했다고 한다.

왜 행복하지 않다고 느끼는 걸까? 인간은 남과 비교하면서 불행에 빠지기 때문이다. 남에게 보여지는 값비싼 옷에 명품 가방을 걸쳐야 행복하다고 생각하며, 좋은 집에 살고, 좋은 차를 타야 행복하다고 생각하는 사람들이 많다. 돈만 있으면 모든 게 해결된다고 생각하는 사람들이 많아지면서 소비와 과시를 통해 행복을 찾는다. 하지만 돈은 제한돼 있으니 지속할 수 없는 행복이고,

돈에 더욱 집착할 수밖에 없다. 특히 경제적으로 어려워 아프거나 비참한 지경에 처해 봤던 사람이라면 더욱 돈의 힘을 신봉할 것이다.

대부분의 경제학자도 소득이 행복의 필요조건이라는 데에는 동의한다. 《행복의 경제학》의 저자인 쓰지 신이치는 "돈과 행복 사이에는 등호가 성립하지 않는다. 인간의 영혼이 행복해지기 위해서는 물질적 풍요만 추구해서는 안 된다"고 말했다. 이는 돈과 행복의 관계에 있어서 '얼마나 많은 돈을 벌고 있는가'의 문제가 아닌 '타인과 비교했을 때 적정 수준의 돈을 벌고 있는지'가 개인의 행복감을 결정짓는다는 것이다.

미 캘리포니아대 리버사이드캠퍼스(UCR)의 소냐 류보미르스키 교수도 "개인의 연봉이 삭감되거나 실직하게 되면 상당한 실망감을 느끼지만 모든 사람이 동시에 겪을 경우 삶의 만족도는 줄어들지 않는다"고 말했다.

이처럼 우리는 돈과 사회적 지위를 남과 비교함으로써 행복을 결정짓고 불행에 빠진다.

와튼스쿨의 웹진에서는 '행복과 돈의 관계'에 대해서 일상적인 삶의 만족도는 소득과 밀접한 상관관계를 보이지만, 개인들이 순간순간 느끼는 감정은 그들이 벌어들이는 소득보다는 다른 요인에 영향을 많이 받는다고 전했다.

즉, 돈은 행복의 필요조건이지만 충분조건은 아니다. 그리고 행복과 불행은 타인과의 비교를 통해서 결정짓는 경우가 많으며, 개인들이 순간순간 느끼는 행복한 감정은 건강한 상태와 좋은 인간관계에서 나오는 것이다.

우리가 행복하기 위해서는 남과 비교하지 말아야 한다. 건강 관리를 하고 좋은 인간관계를 유지하면 누구나 행복해질 수 있다.

나 역시 부동산 투자를 하기 전에는 돈이 많을수록 행복할 거라고 믿었다. 그래서 부동산 투자에 집착하며 당장은 몸을 혹사시켜 고통스러울지라도 미래를 위해서는 극한의 상황으로 나를 몰아붙여야 한다고 생각했다. 부동산 투자를 하면서 더 이상 남과 비교하지 않게 됐지만 몸을 혹사해서 건강은 나빠졌다. 그리고 아내보다 부동산을 우선순위로 두는 바람에 사이도 멀어졌다. 행복하려고 시작한 투자인데 점점 불행해지고 있었다.

하지만 지금은 생각이 완전히 달라졌다. 돈이 많을 때 행복한 게 아니라 부자가 될 미래를 꿈꾸는 지금 이 순간이 행복임을 아내와의 대화를 통해서 깨달았기 때문이다. 너무 무리하는 것보다 속도를 조절하며 건강을 관리하고. 아내와 대화도 많이 하며 관계를 회복하자 행복을 느끼게 됐다.

남과 비교해서 불행하다고 느끼는 건 자존감이 낮기 때문이다.

작은 성과일지라도 성공하는 투자를 하다 보면 자연스럽게 자존감은 회복된다. 또한 돈이 많을수록 결코 행복이 커지는 것도 아니다. 행복은 건강한 몸과 좋은 인간관계에서 나오는 것이며 부자가 되는 과정 자체가 오늘보다 나은 내일을 기대할 수 있는 희망을 품게 하므로 행복한 감정을 느끼게 해 준다.

당신도 당장 남과의 비교 지옥에서 빠져나와 부자가 될 미래를 꿈꾸는 지금 이 시간이 행복임을 깨닫길 바라며《부동산 투자 필승 공식》이 여러분을 돕고자 한다. 행복을 향해 내딛는 첫 발걸음에 이 책이 큰 도움이 되기를 기대한다.

CONTENTS

|프롤로그| **부자가 될 미래를 꿈꾸는 지금 이 시간이 행복이다 004**
- 나의 투자는 현재 진행형이다
- 내가 정부 정책을 비판하는 이유
- 나는 애국자다
- 행복하려면 남과 비교하지 말자

부동산 투자 필승 공식

임장할 때의 마음가짐	026
운은 앞으로 잡아라	028
기본기를 갖추고 전략적인 사고를 하자	030
부동산 투자의 기본은 인간의 욕망을 이해하는 데 달려 있다	034
내 집 마련의 시기는 언제나 '지금 당장'이다	038
부동산 투자 성공 전략	041
무기는 많을수록 좋다	044
백종원 대표에게 배우는 성공하는 부동산 투자의 3요소	052

왜 부자가 되어야 하는가?

부자가 되려는 건 행복보다 불행의 확률을 낮추기 위해서다 **058**

돈 없으면 노후는 비참하다 **062**

부자의 기준 **065**

월급(노동)만으로는 부자가 될 수 없다 **067**

준비 없는 자영업으로는 부자가 될 수 없다 **071**

어떻게 부자가 될 수 있을까?

부자가 되는 비법은 있다 VS 없다 **076**

빨리 돈을 벌겠다는 욕심을 버려라 **079**

당신의 현재 가치는 30억 원에 달한다 **083**

복리의 위대함 **086**

워런 버핏의 내기 **092**

1억부터 모으자 **096**

지금 힘들수록 노후가 평안해지고, 가족이 행복해진다 **099**

당신이 투자에 실패하는 이유

성공에 있어서 운을 믿는가? **104**

부동산 투자에 관심 없는 배우자를 가르치려 하는가? **109**

단기 이익을 추구하지는 않는가?   **113**

전문가에게 의지하려고 하지는 않는가?   **116**

무조건 상승할 거라고 생각하는가?   **119**

욕심을 절제할 수 있는가?   **126**

경쟁을 즐기고 있는가?   **135**

부자를 보며 질투하지 않을 자신이 있는가?   **138**

chapter 5
위험성을 알고 투자해야 함정에 빠지지 않는다

부동산 투자의 분야   **148**

청약의 함정   **150**

전세 레버리지 투자의 함정   **155**

경매 투자의 함정   **159**

분양권 투자의 함정   **165**

입주권 투자의 함정   **170**

소액 수익형 투자의 함정   **174**

폭락론의 함정   **182**

chapter 6
부동산 제대로 이해하고 투자하자

집값은 항상 비쌌다   **190**

규제로 집값을 잡을 수 있을까?   **194**

개발해야 할까? vs 개발해서는 안 될까?   **199**

돈을 벌려면 이사를 자주 다녀라   **202**

환경이 사람을 바꾼다   **205**

숙주나물의 기본과 전략을 갖추는 부동산 투자 5원칙

1원칙 : "쌀 때 사고, 비쌀 때 팔자"   **210**

2원칙 : "인구가 많은 지역에 투자하자"   **215**

3원칙 : "향후 2년간 공급이 부족한 지역에 투자하자"   **221**

4원칙 : "비싼 아파트에 투자하자"   **238**

5원칙 : "정부 정책에 대응하자"   **241**

숙주나물의 5원칙을 활용한 투자법 정리   **249**

숙주나물의 5원칙을 활용한 매도 여부 파악 방법   **264**

흙수저가 성공하는 키워드 6가지

1. 책   **274**

2. 블로그 글쓰기   **278**

3. 유튜브, 4. 재테크, 5. 사업   **282**

6. 꾸준함   **286**

Chapter

1

부동산
투자 필승 공식

임장할 때의 마음가짐

>>> 　　　　임장을 하는 이유는 집을 구하려는 목적도 있지만 시세 조사 및 지역 공부를 하기 위함도 있다. 따라서 임장을 잘하는 방법 중 하나는 해당 지역 전문가인 중개사의 설명을 귀담아 듣는 것이다. 그리고 최대한 많은 부동산을 가 보는 게 시세 조사와 지역 공부를 하는 데 유리하다.

집 상태를 확인하려면 중개사의 도움을 받아야만 집을 볼 수 있다. 임장을 많이 할수록 중개사의 수고에 기대야 한다. 그런데 단지 지역 공부의 목적으로 집을 보려는 건데, 그것을 알 리 없는 중개사는 손님이 마음에 드는 집을 찾을 때까지 집을 보여 준다. 겨울에는 혹한의 추위를 뚫고, 여름에는 무더운 날씨 속에 땀을 뻘

뺄 흘려 가며, 거래되기 전까지 기약 없이 무보수로 걷고 직접 운전해서 집을 보여 주는 일을 마다하지 않는다. 게다가 열심히 중개했더니 계약은 옆 중개사무소에서 하는 일도 빈번하다. 노동은 노동대로 하고 보상은 단 한 푼도 못 받는 것이다.

임장을 잘하는 방법은 중개사를 통해 많은 집을 보는 것보다 나를 도와주는 중개사에게 감사한 마음을 갖는 게 먼저다. 투자를 결심했다면 되도록 나를 위해 애쓴 중개사와 계약하자. 계약을 하지 않더라도 음료수 한 상자를 챙겨서 드리거나 기프티콘을 보내는 센스를 발휘하는 것도 좋다.

'적선지가필유여경(積善之家必有餘慶)'. 적선하는 집안에는 반드시 경복이 남아 있다는 뜻으로, 착한 일을 계속해서 하면 복이 자신뿐만 아니라 자손에까지도 미친다는 말이다. 덕을 쌓아야 복을 받는다는 의미처럼 중개사가 손님에게 정성을 쏟듯 손님도 중개사에게 감사한 마음을 갖는다면, 부동산 매매 계약은 훨씬 유리할 것이다. 중개사를 향한 고마운 마음을 갖는 게 결국 나에게 이득이 되는 행동이라는 점을 기억하자.

숙주나물의 사이다 한 마디

남을 이용해서 이득만을 취하고자 하는
'견리망의(見利忘義)'의 자세로 임장을 한다면,
결국에는 그 누구도 도움을 주지 않는다는 것을 명심하자.

운은
앞으로 잡아라

1. 투자 '자아'는 아직 없고, '열정'만 가득할 때 처음에 누굴 만나느냐가 매우 중요하다. 첫 가르침에 따라 누구는 비행기를 타고, 누구는 고속도로를 타고, 누구는 돌아서 가고, 누구는 가다가 사고가 난다.

2. 처음 투자를 시작할 때, 부동산 투자 비법이 있을 거라고 생각하지만 마술 같은 비법은 없다. 잘 사고, 잘 보유하고, 잘 파는 행위일 뿐이다. 필요한 덕목은 언제 사고파는지와 무엇을 보유할지에 대한 판단이다.

3. 판단은 가격 비교가 중요하다. 두부 한 모를 살 때도 브랜드마다 가격 비교를 열심히 하듯이 부동산 투자도 가격 비교가 기본 중의 기본이다. 비교만 잘해도 성공할 수 있다. 부동산 투자는 비교 과정의 빈도에 따라 성패가 갈린다.

1번은 운이 필요하고, 2번과 3번은 경험과 노력이 필요하다.

평생을 모은 766억 원을 카이스트에 기부한 이수영 회장은 이렇게 말했다.

"기회(운)는 앞으로 잡아라!"

한 마디로 실천하고 경험을 쌓아 스스로 운을 잡으라는 것이다. 비록 처음에는 운이 안 좋아서 사고가 나고 돌아갈지언정, 노력을 통해 경험을 쌓는다면 그땐 운을 앞에서 잡을 수 있고 누구나 부자가 될 수 있다.

기본기를 갖추고
전략적인 사고를 하자

>>>   얼마 전 SBS 〈골목식당〉 프로그램에 나온 평택역 뒷골목 떡볶이집 이야기는 시사하는 바가 컸다. 그 사장님은 그동안 본인의 떡볶이에 자부심을 갖고 있었다. 떡볶이에 들어가는 양념장을 양파, 마늘 등 갖은 채소와 당근, 사과, 배, 심지어 곶감까지 넣어서 정성스럽게 숙성시켰기 때문이다. 그렇지만 이렇게 최선을 다해서 떡볶이를 만들어도 도통 장사가 되지 않았다.

떡볶이 맛을 본 백종원 대표는 53년 동안 먹어 본 떡볶이 중에 제일 맛없는 떡볶이라며 혹평했다. 백 대표는 사장이 만든 양념장이 도통 이해가 되지 않았다. 곧바로 제작진에게 시중에 파는 고추장을 아무거나 사 오라고 주문한다. 그리고 떡볶이집 사장이 만든 양념장 대신 고추장, 간장, 설탕만 넣어서 떡볶이를 만들었다. 이렇게 간단하게 만든 떡볶이를 맛본 손님들은 "소스 너무 맛있어"라고 감탄하며 먹는다. 덕분에 떡볶이집 사장은 처음으로 떡볶이 한 판을 다 파는 데 성공했고, 이후 지금껏 힘들게 장사했다며 허망해하는 모습을 보였다.

백종원 대표는 이렇게 말한다.

"기본에 충실하면 굳이 많은 재료가 필요 없어요."

이 사례에서 볼 수 있듯이 무턱대고 열심히만 해서는 성공할 수 없다. 평택역 떡볶이집이 뒤늦게 성공한 이유는 떡볶이 요리법의 기본을 배우고, 쌀튀김 같은 흔하지 않은 다른 메뉴를 개발하는 전략적 사고를 했기 때문이다.

평생 그림만 그린 나 역시 비슷한 일을 많이 목격했다. 수십 년 동안 폐관 수련(외부와 모든 연락을 끊고 특정한 곳에 머물며 수련하는 것)하며 그림을 그려 온 50대보다, 교육 과정을 거쳐서 '기본'을 충실하게 배운 10대가 더 잘 그리는 일이 비일비재했다.

떡볶이집 사장도, 50대 그림쟁이도 오랜 시간 동안 매우 열심히 했지만, 패착은 기본과 전략이 부족했기 때문이다. 십수 년의 세월이 무색할 만큼 기본과 전략이 그만큼 중요하다.

부동산도 마찬가지다. 무턱대고 열심히 해서는 성공할 수 없다. 기본과 전략 없이 그저 한 푼이라도 아끼고자 페인트를 뒤집어쓰며 셀프 수리를 한들 투자 실력은 늘지 않는다. 몸을 혹사하고 열심히 해도 성공하는 투자와는 거리가 멀다. 중요한 것은 기본과 전략이다. 그럼 기본과 전략은 어떻게 얻을 수 있을까?

먼저 매주 KB부동산 리브온(onland.kbstar.com)에서 제공하는 '주간동향보고서'를 통해 지역별 매매 가격 흐름을 파악하고, 현재 오르는 지역인지 내리는 지역인지 확인해야 한다. 그래야 떨어지는 칼날인지, 추격 매수인지 판단할 수 있다. 그리고 부동산지인 및 호갱노노, 아파트실거래가(아실) 등의 애플리케이션으로 향후 공급량을 파악한다. 매도 시점에 입주 물량이 많으면 가격이 하락해서 손해를 볼 수 있기 때문이다. 그리고 입지가 좋은 곳에 투자해야 한다. 만에 하나 상투를 잡아도 입지가 좋은 곳을 샀다면 회복장이 왔을 때 가장 먼저 반등해 손해에서 수익으로 빨리 전환되기 때문이다.

마지막 한 가지는 정부 정책에 기민하게 대응하는 것이다. 시시각각 변하는 정부 정책에 촉각을 곤두세워야 한다. 대응을 제대로 하지 못하면 강화된 세금 정책으로 인해 손실을 볼 수 있기 때문이다. 지인 중에는 종부세 강화 정책을 간과하고 계속해서 주택 수를 늘리다가 그동안 내지 않던 종부세만 10억을 내야 하는 경우도 있었다. 생각지도 못한 보유세로 인해 큰 위기에 처하는 것을 보면서 정부 정책에 대응하는 게 얼마나 중요한지 알 수 있었다.

무턱대고 열심히만 해서는 안 된다. 십수 년간 이어지는 문제점을 인지하지 못하고 반복만 할 뿐이다. 투자의 기회는 항상 있다. 하지만 기회를 잡는 건 꾸준하게 공부해서 기본이 탄탄하고 전략적인 사고를 할 수 있는 자만의 몫이다.

부동산 투자의 기본은 인간의 욕망을 이해하는 데 달려 있다

≫   '베블런 효과'란 가격이 오르는 데도 수요가 줄어들지 않고 오히려 증가하는 현상을 말한다. 꼭 필요해서 사는 경우도 있지만 단지 자신의 부를 과시하거나 허영심을 채우기 위해 사는 사람들도 많다. 샤넬 가방을 사기 위해서 새벽부터 백화점 앞에 줄을 서야 하고, 값비싼 자동차일수록 주문이 밀려 실제로 받기까지 오랜 시간이 걸리는 경우를 예로 들 수 있다.

인간은 왜 자신의 부를 과시해서 허영심을 채우려고 하는 걸까? 남에게 자신의 능력이 뛰어나다는 것을 인정받고 싶어서다. 인정을 받아야 원시시대에 사냥감 배분과 짝짓기에서 유리했던 것처럼 인정은 자기가 생존할 이유가 충분하다는 것을 확인하는 일이기 때문이다. 결국 인정받는다는 건 자신감이나 자부심을 갖게 하고, 살아갈 이유를 느끼게 하고, 삶의 목표까지 생기게 만드는 기제이다.

인정을 받기 위해 자신의 부를 과시하게 된다는 베블런 효과는 부동산 투자를 배우는 데 기본이 된다. 즉, 비싼 아파트일수록 사고 싶고, 살고 싶은 인간의 욕망이 투영돼 있으며, 이를 이해하는 것이 부동산 투자의 첫걸음이다.

아파트는 자신의 능력이 뛰어남을 인정받고 싶은 허영심과 과시욕의 대상이 된 까닭에 입지가 좋고 비싼 아파트일수록 선호 현상이 강해진다. 모든 이가 욕망하는 아파트는 지위재로써 계급의 상징적 징표가 돼버렸다.

소득에 따라 사는 곳의 지역과 아파트가 정해진다. 그에 따라 모두가 선호하는 지역의 아파트 가격은 천정부지로 치솟는다. 저가 아파트보다 많이 오른다.

다음 그림을 보자.
강남 도곡렉슬 아파트와 일산 대우푸르지오 아파트의 매매 가격 변동 그래프이다.

출처: 아파트실거래가
검색일: 2020. 12.

똑같이 2007년부터 하락하기 시작했지만 강남 아파트는 수도권 상승장이 찾아온 2014년부터 곧바로 상승하며 전고점을 순식간에 돌파하는 모습을 보이는데, 일산 아파트는 13년 이상이 지나도 전고점을 회복하지 못하고 있다.

두 아파트를 비교해 보면 극명하게 운명이 갈리는 모습을 볼 수 있다. 물론 일산도 수도권 상승장이 지속되면 가격은 상승할 수밖에 없다. 하지만 수도권 상승장이 끝나면 일산 아파트만 홀로 상승하기란 어려운 법이다. 한 마디로 많이 상승하지 못한 채 다

출처: 아파트실거래가
검색일: 2020. 12.

음 상승장을 기다려야 할 수도 있다.

　모두가 살고 싶은 아파트와 그렇지 못한 아파트의 가격은 갈수록 차이가 더 커진다. 두 직선이 단 1도의 각도만 차이 나도 시간이 갈수록 그 차이는 더욱 벌어지는 이치인 셈이다.

내 집 마련의 시기는 언제나 '지금 당장'이다

>>> 　　　　내 집 마련은 언제 해야 할까? 언젠가 찾아올 하락 장을 기대하며 전·월세로 거주하면서 기다리는 게 맞을까? 그런 데 예상치 못하게 상승장이 길어지면? 말 그대로 닭 쫓던 개 지붕 쳐다보게 될 공산이 크다. 그 이유를 설명해 보자.

주택가격동향조사를 처음 시작한 1986년부터 2020년까지 전국 주택 가격의 연평균 상승률은 3.55%다. 계속 오른다는 의미이다. 하지만 어떤 해에는 하락하기도 한다.

하락했을 때를 살펴보면 200만호 입주가 시작한 1991년부터 1995년까지 하락 안정세를 보였으며, IMF가 발생한 1998년 한

해에만 12.37% 하락했다. 그 이후에는 2004년과 2012년에 각각 소폭 하락한 것 외에는 전국의 주택 가격은 꾸준히 상승했다. 1986년부터 현재까지 누적 상승률은 무려 121.74%다.

이처럼 내 집 마련은 미루면 미룰수록 손해를 보게 된다. 화폐 가치가 낮아지는 지금의 자본주의에서는 당연한 현상이다. 내 집 마련은 시기와 때가 없다.

【 전국 아파트 매매가격지수 및 변동률 시계열 】

출처: 감정원 전국주택가격동향조사 시계열
검색일: 2020. 12.

주택을 매입해서 거주하는 것도 좋지만 실거주는 출퇴근을 고려해 직장 근처에 전·월세로 거주하면서 유망한 지역을 투자하는 것도 방법이다. 즉, 실거주와 투자를 분리하는 것이다.

앞서 말했듯 비싼 A급 주택이 B급 주택보다 더 많이 오르기 때문에 본인의 자산에 맞춰서 주택을 고르기보단 감당할 수 있는 한도까지 최대한 무리해서 제일 좋은 주택을 사는 것이 현명하다.

주택을 매입해서 실거주할 계획이라면 거기서 그치지 말아야한다. 상승장이든 하락장이든 상관없이 자금 여력이 되는 대로 상급지로 이사를 적극적으로 가야 한다.

수도권에 거주하면 서울 강남구 압구정을, 부산에 살면 해운대구 우동을, 대구에 살면 수성구 범어동을, 대전에 살면 서구 둔산동을, 광주에 살면 남구 봉선동을, 울산에 살면 남구 신정동을 목표로 적극적으로 이사하는 게 좋다. 왜냐하면 상급지로 이사를 미룰수록 자산의 격차는 계속 커지기 때문이다. 시간이 흐를수록 입지가 좋고 비싼 주택은 손에 닿을 수 없는 곳으로 달아날 뿐이다.

부동산 투자 성공 전략

≫   1993년 미국 콜로라도 대학교의 심리학자 앤더스 에릭슨이 발표한 논문에서 1만 시간의 법칙이 처음 등장했다. 그는 세계적인 바이올린 연주자와 아마추어 연주자 간 실력 차이는 대부분 연주 시간에서 비롯됐으며, 우수한 집단은 연습 시간이 1만 시간 이상이었다고 주장했다.

이 논문은 말콤 글래드웰의 《아웃라이어》에서 앤더슨의 연구를 인용하며 '1만 시간의 법칙'이라는 용어를 사용함으로써 대중에게 널리 알려졌다.

1만 시간의 법칙은 어떤 분야의 전문가가 되기 위해서는 최소한 1만 시간 정도의 훈련이 필요하다는 논리이다. 매일 3시간씩 훈련할 경우 10년이라는 시간이 필요하다. 즉, 매일 3시간씩 10년을 훈련해야 한 분야의 전문가가 된다는 것이다.

예를 들어, 경매를 1만 시간 동안 훈련해서 경매 고수가 된다면 특수물건을 민법으로 무장하고, 소송을 통해서 공략하면 수익을 낼 수 있다.

이처럼 무기 하나를 10년 동안 갈고 닦아서 전문가가 된다면 부자가 되는 데도 매우 유리하다. 하지만 나는 1만 시간을 투자하지 않아도 여러 무기를 사용하는 방법을 배워서 혼합할 줄 안다면 누구나 돈을 벌 수 있다고 강조한다.

전세 레버리지 투자(갭투자), 경매, 분양권, 입주권, 선 대출, 보증보험, 매매사업자 등 다양한 투자법을 기초만 배워도 혼합과 응용만 잘하면 부자가 될 수 있다.

예를 들어 경매, 갭투자, 선 대출, 보증보험(전세금 반환 보증보험 가입), 이렇게 4가지를 혼합한다고 가정해 보자. 경매로 싸게 사서 선 대출을 받고 전세를 놓는다면, 임차인은 대출 때문에 계약하기를 꺼려할 것이다. 그때 보증보험을 임대인이 대신 들어줘서 선 순위 대출의 거부감을 없애면 된다. 즉, 경매로 싸게 사서 갭투자를 하고, 투자금을 줄이기 위해 선 순위 대출을 받고, 임차인의 거부감을 없애기 위해 보증보험까지 활용하는 것이다. 이렇게 4가지를 혼합하면 한 가지 기술만 있을 때보다는 확실히 효율적인 투자가 가능하다.

　4가지 방법 모두 어려운 기술을 습득하고 숙달하는 시간이 필요한 게 아니다. 단지 기본적인 기술만 익히고 혼합만 했을 뿐인데 큰 효과가 생긴다.

　분명 1만 시간의 법칙을 통해 한 분야의 전문가가 된다면 큰돈을 벌 수 있다. 하지만 매우 오랜 시간을 필요로 한다.

 숙주나물의 사이다 한 마디

여러 가지 방법의 기본적인 기술만 습득하고 혼합하자.
많은 시간이 필요하지 않고 효과는 탁월해서
누구나 효율적으로 투자할 수 있다.

무기는 많을수록 좋다
(투자 방법을 다양하게 알자)

>>>　　　　주거용 부동산 투자에도 다양한 방법이 있다. 청약, 분양권 및 입주권, 전세 레버리지(갭투자), 경매 등 각각의 특징에 대해 살펴보려고 한다. 단, 아래 내용은 부동산 상승장일 때를 가정하고 설명한 것임을 명심한다.

1. 청약

무주택자는 언젠가 청약에 당첨될 희망을 안고 청약통장에 매월 10만 원씩 납입한다. 그런데 상승장에선 경쟁률과 가점이 치솟아 당첨되기란 하늘의 별 따기이다. 그래도 시세보다 저렴한 가격과 가장 새것이 될 아파트를 가질 수 있는 청약의 매력에서 벗어나기란 쉽지 않다.

자신의 청약 가점을 파악한 후 고가점자 또는 특별공급 자격 요건이 된다면 원하는 지역과 단지에 청약을 기다리는 것도 내 집 마련을 하는 좋은 방법이다. 또는 당장은 힘들더라도 가까운 미래에 가능성이 있다면 가점을 관리하며 기다리거나 경쟁이 덜한 곳을 공략하는 것도 방법이다.

그런데 가점이 낮고, 내 집 마련이라는 목표가 우선이라면 청약에 무조건 기대를 걸기보다 지금이라도 당장 안정된 실거주 집한 채를 구매하는 것을 권한다.

청약도 공부가 필요하고, 전략적으로 다가가야 당첨 확률을 높일 수 있다. 부동산 공부의 첫 시작은 청약이라고 할 정도로 가장 기본이다. 청약홈 사이트에 수시로 들어가 내용을 정확하게 파악하는 게 우선이고, 청약 관련 책이나 강의를 통해 전략을 익히는 게 당첨 확률을 높이는 비결이다.

다주택자는 무주택 가점이 0점이라서 청약은 먼 나라 이야기로 들릴 뿐이다. 그래서 청약통장을 해지하는 경우가 많다. 하루가 다르게 오르는 상승장에서는 뭐라도 사고 싶은데, 쓸모없어진 통장에 돈을 그대로 두기는 아까울 테니 말이다. 하지만 다주택자도 청약통장을 해지하면 안 된다. 그 이유는 청약은 래미안, 푸르지오 같은 민간분양 뿐만 아니라 LH, SH에서 지은 국민주택(공공분양)도 있기 때문이다. 국민주택의 일반분양은 오로지 통장에

넣은 금액이 많은 사람 순으로 당첨이 결정된다. 다주택자는 당첨이 안 되지만 모집 공고일 기준으로 3년 이상 무주택을 유지하면 자격 요건이 된다. 그렇다면 국민주택에 당첨될 수 있는 금액 대인 약 2천만 원을 월 최대 인정금액인 10만 원씩 꼬박 납입하고, 무주택을 3년 이상만 유지하면 기존에 다주택자도 당첨될 수 있다는 이야기다. 다주택자도 언젠가는 청약 당첨의 희망이 있는 것이다.

아래는 청약통장의 종류다. 주택의 종류에 따라 청약 가능한 통장이 다르다. 지금은 국민주택과 민영주택 모두 청약할 수 있는 '주택청약종합저축'만 가입이 가능하다.

◘ 주택의 종류에 따른 청약 가능 통장

국민주택
✔ 주택청약종합저축
✔ 청약저축

민영주택
✔ 주택청약종합저축
✔ 청약예금 · 부금

출처: 청약홈

◻ 청약통장 종류

2. 입주권 (재건축, 재개발)

입주권은 주택 투자 중에서 난이도가 높고, 건물이 노후돼 재개발, 재건축을 바라보는 상황이라 주거 환경도 열악하다. 또한 새 아파트가 되기까지 오랜 시간을 기다려야 하는 탓에 실수요자에게 외면 받아 가격이 저평가될 수밖에 없다. 반면에 그만큼 입주권은 안전 마진을 확보할 수 있다는 장점이 있다. 그래서 입주권만 집중해서 투자하는 투자자들도 제법 많다.

실제 입주가 가능한 대장 아파트들은 실수요까지 동참하면서 신고가를 갱신한다. 하지만 입주권은 실수요자에게 어렵고 투자금도 만만치 않아서 쉽게 접근하지 못하지만 준공 시점에는 그 동네에서 가장 새 아파트가 되고, 잔금 대출도 아파트 시세에 맞게 나오면서 실거주하려는 사람들이 매수하기 시작한다. 이때 그동안 눌린 가격이 수직으로 상승하며 시세를 분출하는 특징이 있다. 드디어 제 평가를 받는 것이다.

즉, 입주권은 안전 마진 확보의 장점이 있지만, 그만큼 입주하기 전까지는 저평가가 계속 이어진다. 하지만 입주할 때는 그동안의 설움을 달래 줄 만큼 시세가 역전하는 것이 포인트이다. 따라서 입주권 투자는 긴 안목으로 바라보는 게 좋다.

3. 분양권

입주권은 매수할 때 투자금이 많이 들어가며 조합원 지위 양도 금지로 인해 손바뀜이 쉽지 않고, 전세 레버리지 투자는 임차인이 있어서 집을 잘 보여 주지 않으면 팔기 어렵다. 하지만 분양권은 계약금과 프리미엄만 있으면 매입할 수 있기 때문에 손바뀜이 비교적 가벼운 장점이 있다. 한 마디로 사고팔기 쉽고 전매를 활용한 빠른 수익을 내는 장점이 있다. 이처럼 투자 난이도가 가장 낮은 까닭에 투자자 유입도 많아서 가격이 빠르게 급등해 정부에서 규제할 때 1순위로 꼽는다.

전매제한이 없는 분양권은 단기 투자로 빠른 시일 내 수익을 낼 수 있지만, 규제지역이 확대되면서 점점 전매제한이 없는 분양권은 희소성이 생기는 추세이다.

4. 전세 레버리지 투자(갭투자)

기축은 전세 레버리지를 이용한 투자자뿐 아니라 실거주자들도 관심을 보이며 당장 거주할 수 있다는 점에서 시세 변동이 가장 안정적이다. 하지만 안전 마진은 없고 현재 시세대로 사야 한다. 그래서 시장 상황을 면밀하게 관찰해서 상승 직전에 진입하는 순발력이 필요하다.

대장 아파트의 경우 지역 내 시세를 이끌며 이른 시일 안에 다이내믹한 수익을 올리는 장점이 있지만, 기축 아파트는 임차인과의 갈등과 보유세 및 수리·유지비 등의 단점이 있다. 또한 잔금일 내 전세 임차인을 구하지 못해 계획보다 투자금이 늘어날 수도 있는 위험 요소가 있다.

5. 경매

경매는 싸게 사서 파는 목적으로 짧은 기간에 수익을 내는 데 적합하다. 당장 수익을 낼 수 있는 특성상 생활형 투자자들이 많으며, 싸게 낙찰받으면 수익을 내는 데 큰 어려움은 없다.

하지만 상승장에선 입찰 경쟁률이 올라가기 때문에 낙찰을 받기란 힘든 게 사실이다. 또한 경매는 생활형 투자인 까닭에 어쩔 수 없이 팔아야 해서 팔자마자 상승하는 경우도 허다해 이후 허탈해하는 사람도 많다.

지금까지의 내용은 대부분 상승장에서만 가능한 것이 특징이다. 그렇다면 하락장에서는 어떨까?

입주권은 진입할 때부터 안전 마진을 확보해서 계획대로만 정비사업이 진행된다면 안정적으로 수익을 낼 수 있는 투자처이다. 하지만 만에 하나 하락장이 찾아오면 진행은 늦춰지고 미분양이 발생해 사업성은 처참하게 떨어진다. 또한 입주권은 앞에서 언급한 대로 열악한 주거 환경 때문에 당장 실거주하기도 힘들다. 그런 점에서 실수요자보다 투자자들의 비율이 많아서 빨리 정리하려는 움직임에 하락장의 낙폭도 크다. 가뜩이나 기축보다 많이 오르지 않아서 억울한데 엎친 데 덮친 격이다.

하락장에서는 청약은 미분양이 생기며, 분양권은 마피(마이너스 프리미엄)가 속출한다. 잔금을 해야 할지 눈물을 머금고 마피로 팔아야 할지 뼈아픈 선택에 놓이게 된다. 전세로 잔금을 마련하려고 해도, 입주 물량이 쏟아지는 상황이라면 낮은 전셋값 때문에 추가로 투입되는 투자금이 늘게 된다. 분양권을 매수할 때는 계약금과 프리미엄 비용만 있으면 됐는데, 잔금을 치를 때는 투자금이 그보다 2~3배 늘어나는 경우도 발생하는 것이다. 만약에 분양권을 여러 채 샀다면 피해는 더욱 걷잡을 수 없게 된다.

전세 레버리지 투자는 집값이 하락할 경우 자신이 가장 고점에 샀다는 정신적인 충격도 크지만, 역전세로 인해 투자금이 추가로 투입돼는 상황에 놓일 수도 있다.

경매는 하락장에서 빛을 발한다. 누구도 주택 투자에 관심이 없을 때 시세보다 싸게 낙찰받아서 월세를 놓거나 실수요자에게 시세보다 조금 저렴하게 팔아도 수익이 나기 때문이다. 이처럼 하락장에도 충분히 수익 실현이 가능하다.

숙주나물의 사이다 한 마디

5가지 투자 종목 모두 장단점이 있다.
진입 시기마다, 지역마다, 최선의 무기를 선택해서
투자해야 한다.
만약에 무기가 하나만 있다면 최선의 선택을 하지 못한다.
한 마디로 진입 시기와 지역 분석을 바탕으로
투자 무기를 비교해 선택하는 게 핵심이다.
그래서 무기는 많을수록 좋다.

백종원 대표에게 배우는 성공하는 부동산 투자의 3요소

>>> SBS에서 방영 중인 〈골목식당〉 회기동 고기집편에서 백종원 대표의 조언은 부동산 투자에도 접목된다.

1. 가격의 경쟁력이 있거나

2. 주변 식당과 비교해 희소성이 있거나

3. 음식의 기본인 맛이 뛰어나거나

백 대표는 회기동 고깃집에서 3가지 기본 요소 중 단 한 가지도 찾아볼 수 없다고 직언했다. 대학가에 위치해 손님들이 주로 학생인데 이들 상대로 가격도 비싸고, 어디서든 먹을 수 있는 메뉴이고, 맛도 평범하다는 것이었다.

고깃집 사장님은 성공에 대한 간절함은 있었지만, 객관적인 분석이 뒷받침되어 있지 않았다. 그래서 처음부터 무엇이 문제인지 파악할 수조차 없었다. 문제의 원인은 상권에 대한 철저한 분석 없이 그저 상권이 발달한 대학가에서 장사하면 잘 될 거라고 막연하게 생각했고, 주머니 사정이 좋지 않은 대학생들에게 비싼 고기를 파는 애초부터 성공하기 힘든 접근을 했던 것이다.

부동산 투자에서도 위에서 말한 고깃집처럼 처음부터 성공하기 힘든 접근으로 시작해 실패하는 경우가 많다.

1. 정확한 가치 판단과 비교 없이 단지 싸다는 이유로 투자하거나

2. 지역을 잘 안다는 이유만으로 공급 과잉 지역에 투자하거나

3. 입지 분석 없이 누군가가 찍어 줘서 투자하거나

그렇다면 어떻게 해야 부동산 투자에 성공할 수 있는지 백 대표의 기본 3요소를 접목해 살펴보자.

1. 가격의 경쟁력이 있거나 → 경쟁력 있는 저평가 지역을 찾아야 한다.

2. 주변 식당과 비교해 희소성이 있거나 → 기존 주택이 희소하려면 공급이 적은 지역을 찾아야 한다.

3. 음식의 기본인 맛이 뛰어나거나 → 부동산의 기본인 입지가 뛰어나야
한다.

즉, ① 비슷한 도시 규모끼리 평당 가격을 비교해서 저평가 지
역을 찾고, ② 투자 시점으로부터 2년 이상 수요보다 공급이 적은
지역을 찾고, ③ 그 지역에서 입지가 가장 좋고 대장인 곳을 사면
된다.

인구가 많은 지역일수록 확률적으로 부자가 많아지니 그만큼
값비싼 주택을 살 확률도, 주택 가격이 큰 폭으로 상승할 확률도
높다. 공급되는 입주 물량이 적어야 수요보다 주택 수가 부족해
서 전세가가 상승하고, 전세가 상승은 매매가 상승의 압력을 가
하며 특히 입지가 좋은 곳은 다른 지역보다 많이 오른다. 이처럼
기본 3가지 요소를 잊지 말아야 하며 기본 요소만 잘 지켜도 부동
산 투자에 성공할 수 있다.

멈추면 죽는다

나는 상어처럼 살 것이다.
상어는 헤엄을 멈추면 죽는다.
상어는 다른 물고기와 다르게 헤엄을 계속해야만 산소가 폐로 흘러
들어가서 살아남을 수 있다. 그래서 상어는 죽기 전까지 헤엄을 멈출
수 없다.

작은 물고기로 살아간다면
계속해서 헤엄을 치지 않아도 되기 때문에 편하게 살 수 있다.
그러나 평생을 상어에게 잡아먹힐지 모른다는
공포를 안고 살아가야 한다.
월급쟁이의 미래인 퇴직자의 삶과 다름없다.

그럴 바엔 나는 힘들더라도
매일 같이 앞으로 나아가는 상어로 살아갈 것이다.
멈출 수 없는 투자자의 삶은 힘들지만 부자가 될 수 있기 때문이다.

상어로 살아가면 헤엄을 멈출 수는 없다.
하지만 최상위 포식자로 호령하며 두려움 없이
오랫동안 살아남을 수 있다.
얼마나 멋진가.
그러나 헤엄을 멈추는 순간 그 자리는 무덤이 된다는 것을 잊지 말자.

왜 부자가
되어야 하는가?

부자가 되려는 건 행복보다 불행의 확률을 낮추기 위해서다

>>> 　　　어릴 적 우리 가족은 부모님과 삼남매, 강아지와 함께 서울 변두리 빌라에서 살았다. 빌라가 모여 있는 동네들이 그러하듯 우리가 살던 그곳은 주변에 공원도 없었고 인도와 차도는 구분돼 있지도 않았다. 골목마다 차들이 쌩쌩 다니는 환경에서 강아지를 키우기란 참으로 힘든 일이었다. 우리 가족이 강아지를 키우는 게 못마땅한 이웃들도 많았다. 한 번은 근처에 사는 한 아저씨가 아무런 이유 없이 강아지에게 돌을 던진 적도 있었고, 좁은 골목에 강아지를 데리고 나온다며 욕하는 주민들도 있었다. 이런 분위기로 인해 어머니는 우리 강아지가 한 것으로 오해할까 봐 골목에 다른 개들이 싸 놓은 똥까지 보이는 대로 다 치우셨다. 이런 열

악한 환경 속에서도 어머니는 강아지가 무지개다리를 건널 때까지 12년 동안 하루도 빠짐없이 산책을 하셨다.

그러던 어느 날… 사고가 나고야 말았다. 트럭이 우리 강아지를 보지 못하고 그만 치어버린 것이다. 어머니는 강아지를 끌어안고 길바닥에서 목놓아 우셨다. 그때 화들짝 놀란 운전기사는 엄마를 보고는 안심한 듯 이렇게 말했다고 한다.

"아 뭐야, 개였잖아. 사람인 줄 알았네. 놀랐잖아 아줌마!"

사고는 언제 어디서든 일어날 수 있다. 하지만 안타까운 건 사고가 일어날 확률이 높은 환경에서 강아지를 키웠다는 사실이다. 좋은 환경이었다면 사고가 발생할 확률도 그만큼 줄어들지 않았을까 자책했다. 그래서 대부분의 사람들은 이러한 불행을 예방하기 위해 불확실성을 최소화하고자 좋은 환경에서 살기를 원한다. 좋은 환경에서는 이상한 이웃도, 뻔뻔한 가해자도 드물 거라고 느끼는 건 기분 탓만은 아닐 것이다.

전체 어린이 교통사고도 2015년 1만 2,191건, 2016년 1만 1,264건, 2017년 1만 960건, 2018년 1만 9건으로 감소세를 보이다 2019년 1만 1,054건으로 다시 증가했다. 어린이 교통사고는 주로 오후 4시~6시 하굣길에서 발생한다.

안전하지 못한 환경에서는 사고가 발생할 확률도 높을 수밖에 없다. 냉혹하게도 현실은 부모의 자산 크기만큼 안전도 보장된다는 것을 부정할 수 없다. 등하교 시간에 사고가 집중되는 만큼 단지 내에 초등학교가 있는 아파트일수록, 단지 내에 차가 안 다니는 환경일수록 안전한 게 사실이다. 안타깝지만 좋지 않은 환경일수록 사고를 당할 확률이 높아진다는 게 현실이다.

강아지 그리고 아이의 교통사고…. 만약에 안전한 환경이 보장됐다면 일어나지 않을 일로 슬퍼할 일도 없지 않았을까?

당연히 가해자가 잘못한 것은 명백하나 안전한 환경을 제공하지 못한 보호자도 죄책감에서 자유로울 수 있을까 의문이 든다. 우리가 그렇게 기를 쓰고 좋은 동네로 가려는 건 더욱 행복해지기 위해서라기보단 불행의 확률을 낮추기 위해서가 아닐까 싶다.

물론 모든 사건, 사고가 그렇다는 건 아니다. 정말 예기치 못한 상황에서 온전히 가해자의 책임 때문에 일어나는 경우도 있다. 몇몇 사고에 해당하는 이야기일 뿐 전부 그렇다는 건 아니니 오해하지 않았으면 한다.

가난이 죄가 아니지만 빌 게이츠는 "죽을 때까지 가난하면 그것은 실수"라고 말한다. 가난하게 태어난 것은 실수가 아니지만 죽을 때 가난하면 그것은 실수다. 나와 내 가족을 안전하게 지키려면 죽을 때까지 부자가 되는 노력을 해야 한다. 그래야 가족을 잃는 불행을 줄일 수 있기 때문이다.

돈 없으면
노후는 비참하다

》》》　　　　KBS스페셜 〈노후 파산 당신의 노후는?〉에 출연한 한 할아버지는 방송에서 이렇게 말했다.

"월급에서 남는 걸 집사람이 관리를 잘했어야 했는데, 집사람이 그런 능력은 없고 나한테 욕하는 능력밖에 없어요."

정말 슬픈 말이 아닐 수 없다. 한때 사랑해서 결혼한 부부도 노후에 돈이 없으면 인생의 동반자가 아닌 원망의 대상이 되는 현실이다.

우리나라 65세 이상 노인의 소득 빈곤율은 불명예스럽게도 경제협력개발기구(OECD) 회원국 중 10년 넘게 1위를 차지하고 있다. 노인의 약 절반은 중위소득 50% 미만 수준의 소득 빈곤층에 속한다. 즉, 한 달 소득이 87만 원도 안 되는 노인이 2명 중 한 명인 것이다. 한국보건사회연구원에서 자살을 생각해 본 노인 673명을 대상으로 조사한 결과 1위는 27.7%로 경제적 어려움을 이유로 들었다.

NH투자증권은 중산층을 대상으로 설문조사 한 결과 은퇴와 연관된 단어로 '재정적 불안(68.9%), 건강 쇠퇴(64.1%), 외로움(40.3%)'을 꼽았다. 이렇게 부정적 인식이 전반적으로 높게 나타난 데 비해 '자유(31.3%), 스트레스 없는(16.5%), 즐거움(8.9%)' 등 긍정적 인식은 낮았다. 우리나라 중산층에게 은퇴는 꿈꾸고 기다려지기보다 두렵고 피하고 싶은 시기라는 결과를 보여 준다. 결국 은퇴를 두렵게 하는 재정적 불안, 건강 쇠퇴, 외로움을 대비하고, 은퇴 후 자유, 즐거움, 성취감을 높일 수 있는 노후 준비가 필요하다.

사람들은 돈이 없어서 자살을 생각하고, 노후 준비에 있어서 돈이 건강 다음으로 중요하며, 돈이 없어서 부부가 서로를 원망하는 현실을 마주하고 있다. 그리고 건강도 돈이 있어야 지킬 수 있다.

노후의 삶은 그 누구도 당신을 책임져 주지 않는다. 많은 사람들이 직장에서 은퇴하면 월급을 받을 수 없으니 불안정한 상황에 놓이게 된다. 노후에 안정된 삶을 보장받기 위해서는 일하지 않아도 삶이 유지가 될 정도로 자산을 가져야 한다. 앞에서 언급된 할아버지처럼 월급만 의지한 결과는 비참할 뿐이며, 미래에 노인이 될 우리도 하루라도 빨리 노동만으로는 노후를 준비하기 힘들다는 사실을 깨달아야 한다.

앞서 말했듯 불행의 확률을 낮추기 위해서는 좋은 환경에 살아야 하고, 노후에 안정된 삶을 위해서는 부자가 되는 것이 유리하다.

부자의 기준은 제각각이겠지만 나는 노동을 하지 않아도 될 정도의 소득이 나오고, 그것을 만족한다면 부자라고 생각한다. 그것이 곧 '경제적 자유'가 아니겠는가. 그래야 비로소 남을 도울 수 있는 여유도 생긴다. 부자는 나와 내 가족과 나아가 주변 사람들까지 도울 수 있다. 그래서 우리는 부자가 되는 것을 인생의 목표로 삼아야 한다.

부자의 기준

>>> 　　그렇다면 부자가 되기 위해서는 얼마나 있어야 할까?

부자의 기준을 알아보기 위해 KB금융그룹에서 제공한 〈한국 부자 보고서〉를 살펴보자.

한국의 부자들은 '금융과 부동산 등 모든 자산을 포함해 총 자산 50억 원 이상, 금융 자산만 10억 이상'은 있어야 한다고 밝혔다.

머니투데이가 실시한 '2020 당당한 부자 대국민 설문조사'에서 "현금이 얼마 정도 있어야 부자라고 생각하십니까?"라는 질문에 10억 이상이 28.1%로 가장 높았다.

참고로 부자들이 생각하는 부자의 기준은 '총 자산 70억 원'으로 조사됐다.

흔히 경제적 자유와 부자를 혼동하는 경우가 많은데 나는 경제적 자유와 부자의 기준을 달리한다. 노동을 하지 않아도 월급 이상의 현금 흐름이 나오면 '경제적 자유'라고 말할 수 있다. 하지만 부자는 주간적인 기준이어서 개인의 만족도에 따라 달라진다. 스스로 부자라고 생각하는 것을 제외하고, 나의 경우 경제적으로 남을 도울 수 있을 정도가 돼야 부자라고 생각한다. 물론 자신이 경제적으로 힘든데도 불구하고 남을 도와주는 사람도 있지만, 기본적으로 주위를 살피고 도울 수 있는 여력이 생길 때는 스스로 경제적인 여유가 있을 때 가능해진다.

따라서 자신부터 먹고사는 데 지장이 없을 정도로 경제적인 자유를 이뤄야 남을 도울 수 있는 여유가 생기고, 초과로 달성하는 부를 나누면서 살 때 비로소 부자라고 생각한다.

월급(노동)만으로는 부자가 될 수 없다

>>>   과거에 나는 그림만 그렸다. 특별히 할 줄 아는 게 그림 그리는 것밖에 없기도 했지만, 잘 그렸다는 칭찬을 들으면 마냥 기분이 좋아서 더욱 몰두했던 것 같다. 20대에는 평생 그림으로 먹고살겠다는 다짐으로 그림의 열정을 키웠다.

친구들과의 사소한 술자리도 시간이 아까워 바퀴벌레와 곱등이가 출몰하는 반지하 골방에서 밤낮을 가리지 않고 깊은 산속에서 수행하는 도사처럼 몇 년을 그림만 그렸다. 그렇게 그림만 그린 결과로 국내외 수많은 공모전에서 상을 받았다. 그리고 열심히 그린 보상과 기회가 만나서 세계 최고의 게임 컴투스 '서머너즈 워'의 원화가로 입사해 그림쟁이로서 성공하는 명예까지 얻었다. 서머너즈 워의 메인 캐릭터인 '아크엔젤'을 디자인했으니 말이다. 덕분에 그림쟁이에 불과한 내가 개발 초창기부터 최근 퇴사하기까지 7년 동안 과분할 정도의 대우를 받으며 영광의 시간을 보냈다.

그런데 수많은 공모전의 수상 경력과 최고 게임의 메인 캐릭터를 디자인한 원화가임에도 내 살림살이는 크게 나아지지 않았다. 서울에 아파트 한 채도 갖기 힘든 초라한 월급쟁이였을 뿐이었다. 주변을 둘러보니 아무리 날고 기는 그림쟁이일지라도 서울에 아파트 한 채는 커녕 매일같이 생계를 걱정하면서 사는 게 현실이었다. 이러한 현실을 보며 나는 열심히 그림을 그릴 이유를 찾지 못했다. 밤새 그림을 그리며 성장을 통해 성취를 느꼈던 옛날의 나는 더 이상 찾아볼 수 없게 됐다. 막연히 부자가 되고 싶었다. 그런데 월급쟁이로만 살아서는 부자가 될 수 없다는 걸 깨닫게 된 것이다.

그렇다면 부자가 되기 위해서는 어떻게 해야 할까?

KB금융그룹에서 제공한 〈한국 부자 보고서〉에는 부자가 되기 위한 성장 동력으로 '노동소득'을 통한 저축으로 시작해, '사업소득'과 '부동산 투자'로 자산을 불려 나갔다고 했다. 즉, 노동소득 (월급)으로 돈을 모아서 사업 및 투자로 부를 쌓아 가는 것이다. 그런데 대다수는 과거의 나처럼 월급에만 소득이 한정돼 있다 보니 부자가 되기 힘든 상황이다.

왜 노동소득만으로는 부자가 될 수 없는지 면밀히 살펴보자.

한국 납세자 연맹에서 제공하는 '연봉탐색기 2019'를 통해서 근로소득자 중 연봉 1억을 받는 비율을 검색해 보면 연봉 1억은 상위 7%에 해당된다고 나온다.

우리나라 최고 기업인 삼성전자에 대졸 사원으로 입사해 부장으로 승진하면 얼마를 받을까? 1억 1,503만 원이다. 부장까지 걸리는 시간은 한국경영자총협회에서 조사한 결과 평균 17.9년이고, 신입사원이 부장으로 승진하는 비율은 2.4%로 나타났다.

정리해 보면 노동소득으로 연봉 약 1억을 받으려면 대졸로 대기업에 입사해 신입사원 100명 가운데 두 명 안에 들어, 17.9년이 걸려서 부장이 돼야 한다.

저축은 얼마나 할 수 있을까? 대졸 신입 연봉 4,612만 원으로 입사해 실패 없이 3년마다 승진한다면, 그리고 부장이 될 동안 20년간 소득의 30%를 저축했다면, 약 6억 원의 돈을 저축할 수 있다. 물론 매우 큰돈이긴 하지만 치열한 경쟁을 뚫고 이뤄 낸 성과치고는 초라하기 짝이 없다. 현실은 서울 평균 가격의 아파트 한 채를 사려고 해도 한참 모자란 금액이다. 이것이 월급쟁이의 초라한 현실이다.

자신이 0.8%에 해당돼 경쟁을 뚫고 임원이 된다면 월급쟁이로도 부자가 될 수 있다. 하지만 99.2%의 월급쟁이들은 월급만으로 부자가 되기란 불가능에 가깝다.

　나 역시 이러한 사실을 간과한 채 그림만 그렸고 헛된 꿈만 키웠다. 열심히만 하면 부자가 될 거란 생각은 대단히 큰 착각이었다.

숙주나물의 **사이다 한 마디**

모든 직장인의 미래는 부자가 아닌,
생각하기조차 싫은 '준비 안 된 퇴직'일 뿐이다.

준비 안 된 자영업으로는 부자가 될 수 없다

》》》　　　앞서 대학을 졸업해 최고 기업에 들어가 엄청난 경쟁을 뚫고 승진하며, 20년을 근속해서 악착같이 모아도 월급쟁이가 모을 수 있는 최대 금액이 6억 원인 것을 보면 노동소득만 의지해서는 절대 부자가 될 수 없음을 알았을 것이다.

잡코리아가 우리나라 시가총액 100개사 중 80개 대기업을 분석한 결과, 평균 근속연수는 남성과 여성이 각각 11.8년과 8.6년이었다. 20년을 근속해도 부자가 되기 어려운 상황에 평균 근속연수가 11년밖에 안 된다면 어떻게 부자가 될 수 있겠는가? 게다가 철저하게 분업화 된 대기업에서 근무하다 퇴사하면 40대 중반에 취업할 곳은 마땅치 않다. 그래서 이들은 적은 자본을 들여 기술적 진입장벽이 낮은 카페, 편의점, 치킨집 등 자영업자가 된다.

우리나라의 자영업자 비율은 경제협력개발기구(OECD) 38개 회원국 가운데 7위이며, 취업자 4명 가운데 한 명은 자영업자이다. 자영업자 비율은 OECD 평균이 15%인데 우리나라는 25%이다. 지속해서 낮아지고 있으나 OECD 평균에 비하면 매우 높은 비율임을 알 수 있다. 사정이 이렇다 보니 당연히 경쟁도 치열할 수밖에 없다.

한국인이 가장 많이 배달시키는 음식 1위 치킨, 직장인이 선호하는 저녁 외식 메뉴 1위 치킨, 다이어트 중 참기 힘든 음식 1위 치킨. 이렇듯 대한민국은 '치킨 공화국'으로 불릴 정도로 전국에 3만 6,000개가 넘는 치킨집이 성업 중이고, 전체 가맹점의 20%가 '치킨'을 메뉴로 한다. 창업비용이 5,000만 원 정도로 다른 업종에 비해 많이 들지 않는 탓에 퇴직자들이 '제2의 인생'으로 가장 쉽게 시도하는 업종이다.

'1인 1닭, 치느님, 치킨교, 소울푸드, 치렐루야, 칙가모니, 칡통령, 얼리어닭터, 치므파탈, 만병통치킨'이라는 신조어가 나올 만큼 치킨에 대한 수요는 상당히 높고 꾸준하다. 또한 대한민국 국민이라면 모두가 사랑하는 치킨은 맛으로 전 세계에서 우수성을 인정받고 있다. 그 결과 한국의 치킨집 수가 전 세계 맥도널드 매

장 수보다 많다. 그만큼 경쟁이 치열하다 보니 안타깝게도 치킨
집은 자영업 폐업률 1위이기도 하다.

2018년 통계청 조사에 따르면 우리나라에서 창업 5년 이상 생
존율은 약 27.5%에 불과해 70% 이상은 폐업하는 실정이다. 이처
럼 자영업으로 부자가 되기는커녕 망하지만 않으면 다행인 게 현
실이다.

어떻게 부자가
될 수 있을까?

부자가 되는 비법은
있다 VS 없다

》》   "그래, 월급쟁이나 영세 자영업자는 부자가 되기 힘
들다는 건 알겠어. 그럼 어떻게 해야 부자가 될 수 있는데?"

"사업이나 투자를 하라고 말하고 싶은 거지? 그것도 시작하려
면 돈이 있어야 하잖아. 돈을 모으라고? 솔직히 아무리 아끼고 모
아도 과거 10% 이상 금리를 주던 것과 달리 지금은 1%도 안 되
는 저금리라 솔직히 저축으로 돈을 불리기도 쉽지 않아."

"현실이 쉽지 않지만 할 수 있다는 의지를 가져야 한다고 말하
고 싶은 거지?"

"할 수 있다는 의지는 단기적인 목표를 정해서 미라클 모닝 등
을 꾸준히 해서 작은 성공을 통해 나도 할 수 있다는 자신감을 말

하고 싶은 거잖아. 아니면 책을 많이 읽어서 거인의 어깨에 올라 타라는 거잖아. 너도 결국은 똑같은 말을 하려는 거 다 알아."

"돈을 모으려면 안 쓰고, 안 먹고, 안 입으며 절약하라는 거지? 방법으로는 통장을 쪼개고, 적금 풍차 돌리고, 카드를 자르라고 말하고 싶은 거잖아?"

"솔직히 싫증 나. 너만 그렇게 말하는 게 아니라고."

"제발 돈 버는 비법을 알려줘."

많은 사람들이 돈을 벌 수 있는 요술 같은 비법을 기대한다. 과 연 비법이 있을까?

〈골목식당〉에 나온 홍제동 팥칼국수집 사장도 백종원 대표에 게 "비법을 알려달라"며 요리법을 요구한다. 하지만 백 대표는 "원가 계산하는 법부터 판매 가격까지 비법은 다 가르쳐드렸다. 원래는 두 분이 발품을 팔고 경험하면서 배워야 한다. 여기에 뭘 넣어서 맛있고 이런 것만 비법이 아니다"라고 쓴소리를 했다.

2008년 개봉한 영화 〈쿵푸팬더〉에서 주인공은 무한한 힘의 비 밀이 담긴 용의 문서를 받기 위해서는 용의 전사로 인정을 받아 야 했다. 주인공 '포'는 용의 전사가 되고 싶었지만 체력이 좋지 않은 뚱보였고, 발톱도 날개도 없었으며, 독액 같은 무기도 없었 다. 모두가 용의 전사로서 재능이 없어 보이는 '포'를 보며 포기하라고 했지만 포는 포기하지 않고 누구보다 일찍 일어나서 훈련했다. 드디어 포는 용의 전사로 인정받아 용의 문서를 얻게 되지만 용의 문서에는 반사된 포의 얼굴만 비칠 뿐이었다. 얼마 안 가 포는 용의 문서에 반사된 자기 자신을 보면서 용의 힘은 허상이었음을 깨닫는다. 무한한 힘이 담긴 용의 문서를 얻기 위해 노력한 시간과 과정이 곧 용의 힘을 얻는 비법이었던 것이다.

평범하고 시시한 결말이지만 이것이 정답이고 비법이다. 요술 같은 비법 따위는 없다. 요술 같은 비법이 있다고 믿는 사람에게 방법을 알려줘도 알아듣지 못하는 건 어찌 보면 당연할지도 모르겠다. 부자가 되는 방법도 마찬가지다. 다수는 부자가 되는 비법이 따로 있다고 믿겠지만 그렇지 않다.

부자들의 공통점인 아껴 쓰고, 모으고, 경제서와 재테크 책을 꾸준히 많이 읽고, 작은 성공이 모여 자신감을 만들어서 큰 성공을 향해 가는 것이 비법이라면 비법이다. 배는 나오고 뚱뚱하며, 체력도 안 좋은 쿵푸팬더의 '포'가 자신을 꾸준히 채찍질하며 성장하고자 노력했던 것처럼 말이다.

빨리 돈을 벌겠다는 욕심을 버려라

≫ 　　　많은 사람들이 그렇듯 과거의 나 역시도 부동산이
나 주식은 원금 손실의 두려움 때문에 재테크는 저축이 최선이라
고 생각했다. 남들이 볼 때 독하다고 할 정도로 돈을 쓰지 않으며
월급의 대부분을 저축했다. 돈을 모으기 위해 '1, 2, 3 법칙'이라
는 나만의 법칙도 만들어 지키려고 노력했다. 상의는 1만 원, 하
의는 2만 원, 신발은 3만 원대에서 해결하자는 법칙이다. 나는 술,
담배도 안 하고 친구들도 잘 안 만났다. 이렇게 하니 특별히 돈을
쓸 일이 없어서 소득의 70%까지 저축이 가능했다. 이러한 노력
으로 얻은 종잣돈은 투자를 시작하는 데 큰 힘이 됐다.

　그런데 대다수는 돈을 모으는 인내와 노력보다는 당장 투자하고 싶은 마음에 적은 돈으로 투자하길 원한다. 적은 투자금으로 우선 경험부터 쌓으려는 취지도 이해하지만, 적은 돈으로 투자 상품을 찾다 보면 안 좋은 물건을 고르게 되고, 필연적으로 팔리지 않는 부동산만 모으게 될 수밖에 없다. 말 그대로 '쓰레기 수집가'가 되는 것이다. '싼 게 비지떡'이라는 속담처럼, 싸구려 물건을 사려다 나중엔 돈만 잃게 된다. 그래서 나는 부동산 투자를 시작하려면 최소 1억 원은 모은 후에 하기를 권한다.

빨리 돈을 벌겠다는 욕심과 경험부터 쌓자는 안일한 생각을 멀리해야 한다. 부동산 투자는 단 한 번의 실패로도 투자의 세계를 영영 떠나야 할 수도 있기 때문이다. 왜 그런지 주식과 부동산 투자를 비교해서 살펴보자.

빚을 내지 않고 시작한다고 가정하에 주식 투자에 실패했을 때에는 투자금만 날리지만, 부동산은 투자금 이상 날릴 수도 있다. 예를 들어 어떤 집이 매매가 1억 5천만 원, 전세가 1억 4천만 원일 때 투자금은 1천만 원이다. 그런데 매매 가격이 5천만 원 하락해서 1억 원이 됐다면 팔았을 때는 5천만 원의 손실이 발생한다. 즉, 투자금 1천만 원만 잃는 것이 아니라 추가로 4천만 원까지 잃게 되는 것이다.

물론 부동산 투자는 변동성이 적어 안전하다는 말을 많이 한다. 하지만 안전하다는 말은 변동성이 적어서 변동성이 큰 자산에 비

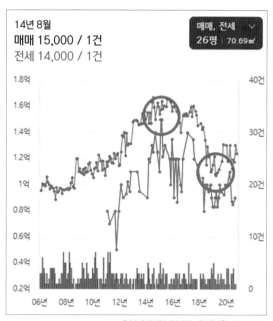

출처: 아파트실거래가 검색년월: 2020. 12.

해 대응하는 데 시간적 여유가 있다는 것이지, 돈을 지키는 데 안
전하다는 의미가 결코 아님을 깨달아야 한다.

 빨리 돈을 벌겠다는 욕심을 버리고, 종잣돈 1억을 만들기까지
인내해야 한다. 그 기간을 기꺼이 참고 견뎌 낼 자신이 없다면 어
떻게 부자가 될 수 있겠는가. 그것은 부자의 소양을 갖추지 못한
것이고, 부자가 될 자격도 없는 것이다.

부자들은 부자가 되기 위한 성장 동력이 저축이라고 말한다. 워런 버핏은 "다 쓰고 남은 걸 저축하는 게 아니라, 저축하고 나서 남은 게 있으면 써라"라고 말했다. 그렇다. 부자들도 저축이라는 인내의 시간을 통해 지금의 부자가 됐음을 잊지 말아야 한다.

당신의 현재 가치는 30억 원에 달한다

>>> 직장인은 추운 겨울에 따뜻한 사무실에서 일하고, 무더운 여름에는 에어컨 바람을 맞으며 시원하게 일하지만 그럼에도 회사에 있다는 자체만으로 힘들게 느껴진다. 부동산 투자자들은 더운 여름철 땀을 뻘뻘 흘리며 온종일 임장을 다니지만 큰돈을 벌 수 있을 거란 희망에 힘든 줄도 모른다.(그렇다고 해서 전혀 안 힘들다는 건 아니다.) 많은 사람들이 회사에 갇혀 정해진 월급을 받기보다, 자유롭게 임장을 다니며 좀 더 시간을 들이면 많은 돈을 벌 수 있을 거란 생각에 전업 투자자를 꿈꾼다. 하지만 나는 자본소득이 노동소득을 넘어서지 않은 상태에서는 퇴사하면 안 된다고 강조한다. 그 이유는 다음과 같다.

부동산 투자를 할수록 필연적으로 대출이자, 보유세 등 고정비용은 계속 늘어난다. 회사를 그만두면 고정소득이 끊기기 때문에 이자도 내기 힘든 상황에 놓여 장기 투자에 불리한 환경이 된다. 또한 직장에 소속돼 있지 않으면 건강보험료도 지역가입으로 전환돼 개인적으로 내야 하기에 부담이 커진다. 퇴사하면 마이너스 통장과 신용대출은 연장이 어려워져 유동성 위기에 빠질 수 있으며, 주택담보대출도 힘들어지는 까닭에 투자를 지속하기 어려워진다. 게다가 생활비의 압박 때문에 조급한 투자로 이어져 실패의 가능성이 커질 수도 있다.

게다가 퇴사하면 30억을 잃는 것과 마찬가지이다. 무슨 의미인지 예를 들어 설명해 보겠다.

회사가 주는 월급이 300만 원이라고 가정했을 때, 예금이자 연 1.2%로 환산하면 30억을 은행에 넣었을 때 받을 수 있는 금액이다. 바꿔 말해 회사를 다니지 않고 매달 300만 원의 고정소득을 얻는 방법은 30억을 은행에 예금해야 가능하다는 의미다. 그렇게 따지면 회사가 인정한 당신의 가치는 30억과 같은 셈이다. 따라서 퇴사하면 30억 자산을 잃게 되는 것과 같다.

자본소득이 노동소득을 넘어서는 것은 꽤 긴 시간이 필요하므로 마라톤 하듯 긴 호흡으로 투자를 이어 나가야 한다. 퇴사하고 싶은 마음에 100m 달리기하듯 조급한 투자를 하면 오히려 경제적 자유에서 멀어진다. 당신이 현재 30억 원의 가치가 있다는 것을 명심하면서 회사 업무도 충실히 임해야 한다. 그러면 문득문 득 퇴사를 고민할 때마다 마음을 다잡을 수 있을 것이다.

부동산 공부를 지금보다 더 하고 싶은데 회사에 매여 있으면 절 대적인 시간이 부족해 퇴사하고 싶은 마음이 들 것이다. 하지만 많은 사람들이 직장생활을 하며 부동산 공부도 충분히 하고 있다.

나는 회사에 다니면서도 부동산 공부와 투자를 하는 데 큰 어 려움이 없었다. 주말에는 산책과 여행 삼아 임장을 다녔고, 출퇴 근 시간에는 책과 부동산 뉴스를 봤고, 직원들이 휴식을 취할 때 나는 중개사와 통화를 하고, 점심시간에는 경제 유튜브를 보거나 블로그 포스팅을 했다. 나는 이러한 일과를 변함없이 4년 동안 했 다. 이처럼 어떤 상황에서도 시간을 쪼개면 공부하는 데 전혀 문 제없다. 시간이 없어서 못한다는 건 핑계에 불과하다. 퇴사한다고 부동산 투자를 잘하는 것도 아니고, 공부를 더 많이 하는 것도 아 니다. 오히려 유동성 위기에 빠지고 빨리 성과를 내려는 조급함 에 투자를 망칠 뿐이다.

숙주나물의 사이다 한 마디

시간이 많으면 부동산 투자를 잘할 것 같지만 그렇지 않다.
뻔하고 시시한 얘기 같지만 간절함과 의지의 차이일 뿐이다.

복리의 위대함

≫　　　연금저축을 한 마디로 설명하면 눈덩이(복리)를 굴려서 노후를 준비하는 하나의 수단이라고 할 수 있다. 우선 복리가 얼마나 위대한지 간단하게 설명해 보겠다.

아인슈타인은 '복리는 세계 8대 불가사이의자 인류 최고의 발명품'이라고 말했다. 그리고 '복리를 이해하면 복리로 돈을 벌지만 이해하지 못하면 복리로 지급해야 할 것'이라고 말했다.

워런 버핏은 돈을 불리는 방법으로 '복리의 마술'을 제시한다. 그는 "복리는 언덕에서 눈덩이(snowball)를 굴리는 것과 같다. 작은 덩어리로 시작해 눈덩이를 굴리다 보면 끝에 가서는 정말 큰 눈덩이가 된다"고 했다.

《엄마, 주식 사주세요》의 저자 존리는

a. 지금 당장 10억

b. 한 달간 매일 두 배로 늘어나는 100원

둘 중에 어떤 것을 선택할 건지 묻는다. 만약에 b를 선택했다면 당신은 부자가 된다. 왜냐하면 100원에서 시작해 매일 두 배로 불어나면 한 달 뒤에 530억 원이 되기 때문이다. 이것이 아인슈타인과 워런 버핏이 극찬했던 복리의 마술 효과다.

일요일	월요일	화요일	수요일	목요일	금요일	토요일
		1 100원	2 200원	3 400원	4 800원	5 1,600원
6 3,200원	7 6,400원	8 12,800원	9 25,600원	10 51,200원	11 102,400원	12 204,800원
13 409,600원	14 819,200원	15 1,638,400원	16 3,276,800만 원	17 6,553,600만 원	18 1,310만 원	19 2,621만 원
20 5,242만 원	21 1억 485만 원	22 2억 971만 원	23 4억 1,943만 원	24 8억 3,866만 원	25 16억 7,772만 원	26 33억 5,544만 원
27 67억 1,088만 원	28 134억 2,180만 원	29 268억 4,350만 원	**30 536억 8,710만 원**			

복리는 원금에 이자가 붙고, 다시 원금과 이자가 합친 금액에 다시 이자가 붙는 식으로 시간이 흐를수록 눈덩이가 커지듯 돈이 불어난다. 시작은 적더라도 꾸준하게 수익을 내면 시간이 흐를수록 워런 버핏과 같이 부자가 되는 것이다. 말 그대로 시작은 미약하나 끝은 창대하다.

지금까지 복리의 위대함을 설명했다. 지금부터는 연금저축을 해야 하는 이유와 특징에 관해 설명해 보겠다.

한국은 이미 2018년에 고령화사회로 진입했으며, 그 진행 속도가 빨라 2026년에는 초고령사회로 진입할 것으로 예상한다. 그런데 대다수는 여전히 노후 준비를 제대로 하고 있지 않다. 2017년 통계청에 의하면 19세 이상 성인 3명 중 한 명은 노후 준비를 전혀 하지 않는다고 응답했고, 노후 준비를 하는 사람의 절반 이상은 국민연금에만 의존하는 것으로 나타났다. 노후에 필요한 적정 생활비는 가구당 월평균 251만 원이며, 최소한의 생활비는 177만 원으로 조사됐지만, 국민연금은 월 40만 원 이하 수급자가 대다수이다.

이러한 막막한 현실에 안정적인 노후 준비를 위해서는 국민연금뿐만 아니라, 연금저축을 가입하는 것이 좋다. 연금저축을 한마디로 설명하면 세액공제도 받고, 조금이라도 젊었을 때 복리로 돈을 불려서 노후에 연금을 받을 수 있는 방법이다.

연금저축은 장기 저축성 금융 상품으로 최소 5년 이상 내고 만 55세 이후 연금으로 받는 형태이다. 강제적으로 오랫동안 내야 하는 방식으로 충분히 복리 효과를 기대할 수 있다.

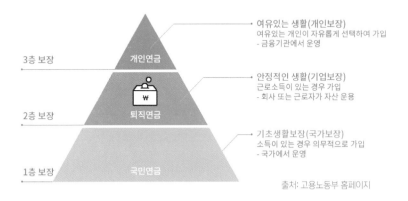

출처: 고용노동부 홈페이지

연금저축은 연 1,800만 원까지 입금할 수 있다. 무엇보다 막강한 세액공제 혜택이 있다. 연간 연금저축 납부금액 최대 400만 원의 16.5% 금액인 66만 원을 환급받을 수 있다.

예를 들면 연금계좌에 400만 원을 넣고, 연말정산 때 소득세를 66만 원 이상 냈다면, 최대 66만 원까지 환급받을 수 있다. 즉, 연금저축은 400만 원에 대해서 연간 무려 16.5%의 고정 수익률을 자랑하는 셈이다. 이처럼 세액공제만으로도 충분히 연금저축을 해야 할 이유를 알 수 있다.

연 납입액*	총 급여액 5,500만 원 이하 (종합소득 4,000만 원 이하)		총 급여액 5,500만 원 초과 (종합소득 4,000만 원 초과)	
	세액공제율	세금절감액	세액공제율	세금절감액
400만 원	16.5% (지방소득세 포함)	66만 원	13.2% (지방소득세 포함)	52만 원
300만 원		49만 원		39만 원
240만 원		39만 원		31만 원
120만 원		19만 원		15만 원

*총 급여 1.2억 원 또는 종합소득금액 1억 원 초과자의 세액공제한도는 연간 300만 원
*관련세법 요건 충족 시

연금저축의 위력을 다른 예를 들어 설명해 보겠다.

월 34만 원을 20년 동안 납부하면 총 금액은 약 7,000만 원이다. 그렇다면 연금 수령 시점을 60세부터 90세까지로 설정하고, 연평균 수익률은 5.3%를 기록했다고 가정해 보자. 이때 수익률을 과하게 측정한 건 아닌지 의문이 들 수 있다. 하지만 국민연금이 1987년 설립 이후 지금까지 연평균 수익률이 5.3%인 것을 감안했을 때, 연금저축의 투자 수익률 역시 5.3%로 가정해도 큰 무리가 없다. 그렇다면 60세부터 매달 연금으로 얼마를 받을 수 있을까? 결론부터 말하면 매달 117만 원을 받을 수 있다. 놀라운 건 실질 수익률은 무려 179%에 달한다. 해마다 약 5%의 수익률이 복리의 마술로 179%가 된 것이다. 원금은 약 7,000만 원이 아니라 약 2억 3,000만 원으로 불어난다. 게다가 일 년 저축금액이 400만 원이면 세액공제를 최대로 받을 수 있다. 비록 연금 수령

시 연금 소득세를 내지만, 세액공제를 받은 금액이 더 크기 때문에 결과적으로 연금저축은 손해가 아니다.

연금저축은 크게 펀드와 보험으로 나뉜다. 둘 다 세액공제 혜택은 같다. 차이점은 펀드는 중도 인출이 가능하며, 원금이 보장되지 않고 실적에 따라 수익이 적용된다. 보험은 중도 인출이 어려우며, 원금이 보장되는 대신 공시이율이 적용된다는 점이다.

공시이율이란 보험사 금리연동형 상품 적립금에 적용되는 이자율로 은행의 예·적금 금리와 비슷한 개념이다. 따라서 수익은 낮더라도 안전을 중시한다면 연금보험을, 원금은 보장되지 않더라도 공시이율 이상의 수익을 바란다면 연금펀드를 추천한다.

복리는 시간을 먹고 자란다. 그러므로 13살에 투자를 시작하고 매년 25%씩 수익률을 낸 워런 버핏처럼 투자는 최대한 일찍 시작해서 꾸준하게 수익을 내는 것이 핵심이다. 그렇게 하면 누구나 복리의 마술로 부자가 될 수 있다.

수익은 둘째 치더라도 꾸준하게 투자하는 것 자체가 인내와 정신력을 요구하는 탓에 강제적으로 장기 투자해야 하는 연금저축이 눈덩이를 굴리기에 제격이다. 당장 세액공제라는 혜택도 있고 노후에는 안정적으로 연금까지 받을 수 있으므로 투자 포트폴리오에 연금저축은 꼭 넣길 권한다.

워런 버핏의 내기

>>> 　　2007년 워런 버핏은 뉴욕 펀드 운용사인 프로티지 파트너스와 향후 10년간 인덱스 펀드와 프로티지 파트너스가 운용하는 펀드 중 어느 것이 더 많은 이익을 낼지 내기를 했다.

　버핏은 뱅가드의 S&P500 인덱스 펀드에, 프로티지는 정선된 5개 펀드 묶음에 승부수를 띄웠다. 양측은 각각 32만 달러(약 3억 4,000만 원)를 걸고, 10년 뒤 원리금을 합해 총 상금을 승자가 지정한 자선단체에 기부하기로 약속했다.

　결과는 어떻게 됐을까? 워런 버핏의 압승으로 마무리됐다. 버핏의 인덱스 펀드는 연평균 7.1%에 달하는 높은 수익을 냈는데, 프로티지 파트너스의 펀드 수익률은 2.2%에 그쳤다. 버핏은 "내가 죽으면 전 재산의 90%는 인덱스 펀드에 투자하라"라고 말하기도 했다.

인덱스 펀드보다 수익이 높았던 펀드는 전체 10%에 불과하며, 별다른 투자 전략 없이 S&P500 지수 인덱스 펀드만 투자해도 상위 10% 수익률을 올린다는 계산이 나온다. 세계 최대 헤지펀드 브리지워터 어소시에이츠를 이끄는 레이 달리오는 운용 자산의 80% 이상을 주식형 인덱스 펀드에 투자한다. 노벨 경제학상을 수상한 머튼 밀러는 "인덱스 펀드라는 단순한 투자 수단을 선택한다면 사람들은 재테크보다 훨씬 흥미로운 음악, 미술, 문학, 스포츠 등과 같은 여가생활에 더 많은 시간을 활용할 수 있게 된다. 뿐만 아니라 대부분 더 많은 이익을 거두게 될 것이다"라고 말하기도 했다.

도대체 인덱스 펀드가 무엇이길래 그런 걸까?

직접 투자는 개인이 기업을 직접 골라서 주식을 투자하는 거라면, 액티브 펀드는 투자자들의 자금을 모아서 자산운용회사가 대신해 운용하는 금융 상품이다. 즉, 직접 투자에 자신 없는 개인의 투자금을 펀드 매니저가 대신 투자하는 것을 말한다. 인덱스 펀드는 자산운용회사가 주가 지표의 움직임에 연동되게 포트폴리오를 구성해 운용함으로써 시장의 평균 수익 정도의 실현을 목표

직접 투자   액티브 펀드

인덱스 펀드   ETF

로 운용하는 기법이다. 말 그대로 한 바구니에 주가 지표의 움직임에 근접할 수 있는 여러 주식들을 넣어서 분산 투자의 효과를 내도록 운용하는 것이다.

ETF는 인덱스 펀드를 거래소에 상장시켜 투자자들이 주식처럼 편리하게 거래할 수 있도록 만든 상품이다. ETF는 투자자들이 개별 주식을 고르는데 수고를 하지 않아도 되는 펀드 투자의 장점과 언제든지 시장에서 원하는 가격에 매매할 수 있는 주식 투자의 장점을 모두 가지고 있는 상품으로 인덱스 펀드와 직접 투자를 합쳐 놓은 것으로 생각하면 된다.

본인이 치열하게 공부할 자신이 있다면 직접 투자를, 직접 투자할 자신이 없다면 액티브 펀드보다는 인덱스 펀드를, 인덱스 펀드보다 좀 더 수고스럽지만 보다 적은 수수료를 내고 싶다면 ETF 투자를 추천한다. ETF는 시장 상황을 면밀하게 관찰하고 직접 사고팔면서 수익을 내야 한다.

지금까지 주식, 액티브 펀드, 인덱스 펀드, ETF의 특징을 다룬 이유는 연금저축 투자 상품에 대한 이해를 설명하기 위해서였다. 연금저축 계좌에 돈만 넣어도 세액공제를 받을 수 있지만, 돈을 불리기 위해서는 계좌에 있는 돈을 투자해야 한다. 다양한 투자 상품이 있지만 개인적으로 기업의 가치를 믿고 복리의 효과를 극대화하려면 원금 보장은 안 될지라도 수수료가 저렴한 ETF를, 그 다음으로 인덱스 펀드를 추천한다.

1억부터 모으자

>>>　　　재테크를 하기에 앞서 쓰레기 수집가가 되지 않으려면 앞서 최소한 종잣돈 1억 원을 모으는 게 좋다고 언급했다. 물론 처음 천만 원, 5천만 원이란 종잣돈을 마련하는 것이 가장 어렵다. 돈을 모으는 일반적인 방법으로는 소득보다 적게 쓰거나 쓰는 것보다 많이 버는 것이다. 당장은 많이 버는 것보단 적게 쓰는 게 쉽다.

　그렇다면 1억을 어떻게 해야 효과적으로 모을 수 있을까?

　중위소득을 가진 신혼부부 기준으로 설명해 보겠다.

　대한민국 2인 가구 중위소득은 월 299만 원이다. 여기서 30%

인 90만 원은 월 생활비로 쓴다. 11.5%인 34만 원은 연금저축 계좌에 납입해 세액공제를 최대로 받을 수 있는 연 400만 원을 채우자. 남은 58.5%인 175만 원은 적금 또는 ETF에 투자하자. 적금만 했을 때는 1% 금리를 적용받을 시 5년 뒤 1억 770만 원을 모을 수 있다. 만약 ETF를 해서 연평균 5% 수익률을 기록한다면 5년 뒤 1억 1,950만 원을 모을 수 있다. 무려 1천만 원 이상의 차이가 난다.

적금 예금 대출 중도상환수수료		
월적립액	**1,750,000** 원	
	175만원	
적금기간	**년** 개월 **5**년 연이자율 단리 **월복리**	**1**%
이자과세	일반과세 **비과세** 세금우대	
원금합계	**105,000,000** 원	
세전이자	**2,713,021** 원	
이자과세(0%)	0 원	
세후 수령액	**107,713,021** 원	
⟳ 초기화		

적금 예금 대출 중도상환수수료		
월적립액	**1,750,000** 원	
	175만원	
적금기간	**년** 개월 **5**년 연이자율 단리 **월복리**	**5**%
이자과세	일반과세 **비과세** 세금우대	
원금합계	**105,000,000** 원	
세전이자	**14,506,523** 원	
이자과세(0%)	0 원	
세후 수령액	**119,506,523** 원	
⟳ 초기화		

출처: 네이버 〈적금 계산기〉

연평균 5% 수익률이라는 조건이 붙지만 국민연금 수익률과 워런 버핏이 투자한 인덱스 펀드 수익률을 참고하면 절대 무리한 수익률은 아니다. 하지만 투자라는 게 매번 수익을 내는 것은 아니다. 따라서 5%보다 낮은 수익률을 기록할 수도 있고, 경제 충격이 오면 원금을 손실할 수도 있다. 어쩔 수 없지만 투자란 게 원래 그렇다. 이러한 불확실성에 우리는 과감하게 배팅하며 나아갈 수밖에 없다. 그래서 모두가 돈을 지키려고 치열하게 공부하는 게 아닌가. 하지만 장기 투자를 하면 인플레이션 효과로 인해 자산은 상승할 수밖에 없다는 것은 분명한 사실이다. 이 사실을 믿고 우리는 장기 투자를 하는 것이 바람직하다.

월 299만 원만 버는 부부도 5년만 인내하면 확정적으로 1억이라는 종잣돈을 모을 수 있다. 이 시간 동안 치열하게 경제 공부를 하면서 악착같이 1억을 모으는 데 집중하자.

지금 힘들수록 노후가 평안해지고, 가족이 행복해진다

>>> 　　60세를 바라보는 장모님은 지금도 새벽같이 일어나 출근하시고, 퇴근하고 집에 와서는 부업도 마다하지 않으신다. 평생을 몸 바쳐 일한 결과로 곧 있으면 주택담보대출을 다 갚는다며 뿌듯해하신다.

처남은 35세가 된 2년 전부터 투자를 시작했다. 수도권에 투자해 2년만에 비과세로 3억 이상의 시세 차익을 거두었다. 이후 최근 저평가 지역의 수도권 아파트를 다시 투자했다. 이것도 단기간에 2억이 올랐다.

장모님은 평생을 노동소득에 의존한 채 일만 하셨다. 그나마 다행인 것은 내 집 한 채를 진작에 장만하셔서 노후는 어느 정도 보장받을 수 있다는 점이다. 그러나 우리 부모가 그러했듯 노동소득에만 의지한 결과는 처남 자산이 불어나는 속도와 비교해 보면 매우 허탈해진다. 처남은 2년 전부터 나의 조언을 토대로 실행해 나갔고, 다행히 시장의 도움까지 받아서 2년 만에 5억의 수익을 얻는 성공 투자를 이어 가고 있다.

이렇듯 평생을 노동만 한 장모님의 자산을 처남은 2년 만에 따라잡았다. 제대로 부의 추월 차선인 셈이다. 앞으로 몇 년 안에 처남은 장모님의 자산을 훨씬 앞지를 것 같다. 여기서 내가 하고 싶은 말이 무엇인지 예상할 수 있을 것이다. 부동산 공부는 자산을 불리기 위해 반드시 해야 한다는 것을 말이다.

연평균 수익률 29%로 월가의 전설로 불리는 펀드매니저 피터 린치는 주식 투자를 하기 전에 집부터 사라며 이렇게 말했다.

"부동산에서 돈을 벌고 주식에서는 돈을 잃는 이유가 있다. 집을 선택하는 데는 몇 달을 투자하지만, 주식 선정은 몇 분 만에 끝내기 때문이다."

피터 린치는 집이란 결국 모든 사람이 갖고 싶어 하기 때문에 부동산 투자에서 성공할 확률은 99%라고 말했다. 물론 시장의 도움 없이는 부동산 투자도 매번 성공할 수 없으며, 제어할 수 없는 변수에 손실을 볼 수도 있다. 그렇지만 위험성이 두려워 시도조차 않는다면 얻을 수 있는 것은 없다. 오히려 위험성이 없다고 믿어 온 노동에만 몰두하면 늙어서 스스로에게 배신만 당할 뿐이다. 그런 의미로 만약에 장모님이 무주택자였다면… 정말 아찔하다. 그나마 집 한 채라도 있어서 노후 대비가 된 것이다.

처남이 내게 도움을 요청하면 사지 말아야 할 것과 사야 할 것을 구분해 주는 정도로 조언하고 있다. 그저 나는 처남의 요청에 응답한 것밖에는 없기 때문에 선택과 결과는 오로지 처남 몫이다. 나는 도움을 줄 수 있다는 것만으로도 감사하게 생각한다.

지금은 과거와 달리 실패를 책임져 줄 수는 없으므로 아무리 확신이 드는 투자처라고 해도 가족에게 투자를 독려하지 않는다. 투자란 게 100% 성공을 확신할 수 없기 때문이다.

가족에게 위험성을 안고 투자하라고 말하는 것보단, 내가 부자가 돼서 가족이 어려울 때 도움을 주는 쪽으로 생각이 바뀌었다. 일단 내가 부자가 돼야 가족들에게 도움을 줄 수 있는 법이다.

당신이 투자에
실패하는 이유

성공에 있어서
운을 믿는가?

>> 잡코리아에서 성인남녀를 대상으로 설문조사 한 결과, 부자가 되기 위해서는 '성실함'과 '노력'보다는 '운'이 더 필요하다고 대답했다. 손흥민이 골을 넣은 경기 후 인터뷰에서 운이 좋았다고 말하는 것처럼 대다수의 성공한 사람들은 자신의 성공 비결로 '운'을 꼽는다. 그리고 많은 사람들이 그 말을 믿는다.

"성공은 운이구나."

하지만 절대 운으로만 생각해서는 안 된다. 성공을 하려면 어느 정도의 운이 뒷받침돼야 하는 건 맞지만 결국은 노력의 결과이다.

왜 성공한 사람들은 그 비결을 '운'이라고 말하는 걸까?

자신이 노력한 과정을 일일이 어떻게 다 설명할 것이며, 설명한다 하더라도 경험해 보지 못하면 이해하기 힘들다. 운이라고 하면 겸손해 보이면서 더는 힘들게 구구절절 말하지 않아도 되고, 단순히 편해서 그렇게 말하는 것뿐이다.

그런데 왜 사람들은 성공한 사람들의 이유를 '운'이라고 치부하는 걸까? 자신이 성공하지 못한 이유를 '운이 나빠서'라고 핑계 댈 수 있기 때문이다. 그렇다. 성공하지 못한 이유를 노력하지 않은 자신의 탓임을 깨달으면 자괴감에 빠지기 때문에 방어기제가 작동한 결과이다. 게다가 성공의 비결을 노력이라고 말할 수도 없는 사회가 됐다. '노력'은 혐오 또는 무능력의 단어가 돼버렸기 때문이다. 저성장 시대에 돈을 벌기 힘든 젊은 세대는 고성장 시대에서 돈을 벌었던 기성세대에게 '노오오오력'이라며 비아냥거리고 조롱한다. 서로 살아온 시대가 다르므로 공감대가 없는 결과이다.

그래서 노력이라는 단어를 입에 담는 순간 꼰대가 돼버리는 것이 현실이다. 그런데 나는 이렇게 말하고 싶다. 꼰대라고 생각해도 어쩔 수 없다. 부자가 되는 길은 그저 노력하는 방법뿐이다. 그것은 부자들의 공통점인 아껴 쓰고, 모으고, 경제서와 재테크 책을 꾸준히 많이 읽고, 작은 성과가 모여 자신감을 만들어 결국 노력의 결과물로 성공한 것이다.

어머니는 서울에 아파트를 2채 보유하고 있다. 서울 상승장에 힘입어 평생의 가난을 벗어나셨다. 그래서 어머니는 평생 운이 없다가 말년에 운이 좋다고 말씀하신다. 정말 단지 운이 좋았던 것뿐일까?

과거에 우리 가족은 서울 변두리 달동네 단칸방에서 다섯 식구가 함께 살았다. 화장실은 집 밖에 있는 세 가족이 함께 쓰는 공동화장실을 이용해야 했다. 아버지는 일용직이었다. 말 그대로 찢어지게 가난했다. 그렇게 먹고살기 바쁜데도 불구하고 어머니는 교육열이 남다르셨다.

일례로 어느 날 할머니가 우리 집에 오실 때면 어머니는 누나 교복을 다른 옷으로 재빨리 갈아입혔다. 없는 살림에 학비가 비싼 사립 초등학교에 보냈기 때문이다.

시어머니 입장에서는 아들(우리 아버지)이 힘들게 번 돈으로 아무리 예쁜 손녀딸이라지만 비싼 사립 초등학교에 보내는 게 안 좋게 보일 수도 있어서이다. 나는 당시에 너무 어려서 어머니의 행동을 이해하지 못했고, 그저 할머니가 집에 자주 와서 마냥 좋았던 기억뿐이다.

아들의 재능을 찾아 주기 위한 어머니의 노력으로 나는 안 다녀 본 학원이 없다. 미술, 웅변, 주산, 태권도, 속셈, 피아노 등등…. 그런데 나는 그냥 다 싫었고 게임만 하고 싶었다. 없는 살림에도 불구하고 이것저것 경험해 보게 하려는 어머니의 마음을 알 리 없었다. 그저 철없는 막내였다. 하나뿐인 아들의 재능을 찾아 주기 위해 누나들보다 더 많은 지원을 받았지만 그땐 몰랐다.

어머니의 남다른 교육열과 기대에 부응하듯 큰 누나는 교사가, 작은 누나는 약사가 됐다. 그리고 안정적인 소득을 갖게 된 누나들의 도움으로 어머니는 빌라로 첫 내 집을 마련했다. 그 빌라가 재개발이 됐고, 이주 기간에 어머니는 그동안 아껴서 모은 돈으로 또 다른 아파트를 사서 거주했다. 마침 서울의 집값 상승 분위기에 2채 모두 많이 오르게 됐다.

어머니는 평생을 가난하게 살았지만 말년에 아파트 가격이 많이 오르는 운이 따라서 가난을 벗어났다고 말한다. 하지만 나는 운 때문에 가난에서 벗어났다고 생각하지 않는다.

물론 상승장의 운도 따랐음을 부정하는 않는다. 하지만 집을 산 것은 결코 운이 아니었다. 자식들이 찢어지게 가난한 지금보다 미래에 조금이나마 나은 삶을 살기를 바라는 마음에서 교육에 과감히 투자하셨고, 쉬지 않고 일하고 아껴서 돈을 모은 어머니의 노력이 지금의 결과를 만들었다고 생각한다.

- 자살률 1위
- 노인 빈곤율 1위
- 출산율 세계 꼴찌

살아 있으면 죽고 싶거나, 한 달에 87만 원도 못 버는 노인이 되거나, 결혼 후에 아예 아이를 낳지 않고 포기하는 현실이 우리나라의 현주소다. 암울한 현실에 노력이 무슨 소용이 있나 싶을지도 모른다. 그런데 나는 꼰대 같지만 어머니처럼 노력해야 한다고 말하고 싶다. 그래야 살아갈 수 있고, 결혼해서 아이도 낳고, 노후에 평안해질 수도 있다.

숙주나물의 사이다 한 마디

노후에 마음이 가난하지 않으려면 운을 믿지 말자.
나 자신만 믿고 노력하자.

부동산 투자에 관심 없는 배우자를 가르치려 하는가?

>>> 　　　자신은 가족을 위해 시간을 쪼개 가며 공부하고 몸
과 마음을 바쳐 노력하는데, 배우자가 부동산 투자에 관심이 없
거나 심지어 반대하면 야속하고 답답한 마음이 들기 마련이다.
그래서 논쟁을 통해 배우자를 설득하려고 한다. 자신보다 열정이
부족한 배우자가 본인처럼 투자의 관심을 갖기를 바라는 마음일
것이다. 하지만 그럴수록 공부하라는 부모의 잔소리에 더욱 공부
하기 싫어지는 자식처럼 반발심만 커질 뿐이다. 오히려 자존심이
상해서 부동산의 열정은 더 차갑게 식고 갈등만 커져 투자와 멀
어지는 결과를 초래한다.

　우리 부부 역시 그랬다. 몇 년 전 일이다. 충북 제천의 아파트를

매수한 후 나는 전체 수리를 하자고 했고, 아내는 도배와 바닥만 하기를 원했다. 아내는 낡은 지방 아파트에 수리비로 큰돈이 나가는 걸 원치 않았던 것이다. 도대체 돈을 벌려고 하는 건지 버리는 건지 알 수 없다며 반대했다. 나는 비록 돈이 들더라도 집을 수리해 경쟁력을 갖춰 공실 기간을 최소화하고 싶었다. 서로의 의견이 너무 달랐고 조금씩 언성이 높아지면서 싸움으로 걷잡을 수 없이 커진 것이다. 결국 아내는 눈물을 터뜨리고야 말았다.

왜 이렇게 됐을까? 그 이유를 데일 카네기의 《인간관계론》에서 찾을 수 있다.

"논쟁은 이길 수 없다. 이긴다고 해도 진 것이다. 왜냐고? 글쎄, 다른 사람에게 승리를 거두고, 그의 주장에 구멍을 숭숭 뚫어 놓고, 그가 제정신이 아니라는 걸 증명한다고 하자. 그래서 어쩌겠다는 건가? 기분이 좋을 수는 있겠다. 하지만 상대방은 어떤가? 당신은 상대방에게 열등감을 느끼게 했다. 그의 자존심에 상처를 주었다. 그 사람은 당신의 승리에 분개하리라. 자신의 의지에 반해 설득당한 사람은 자기 생각을 바꾸지 않는다."

정말 그렇다. 사실 그렇게 큰 싸움으로 번질 만한 일이 아니었는데 논쟁에서 이기려고 하다 보니 서로 감정이 격해져 협의점을 찾지 못하는 상황이 됐다.

아내는 그간 성과 없는 투자에 지쳐 갔고, 월급으로 모은 돈이 수리비로 들어간다고 하니 견디기 힘들었다고 했다. 나는 그런 마음을 이해하기는커녕 오로지 내 계획만 설득시키려고 했고, 자기중심적인 사고 때문에 싸움은 커지고 협의점도 찾을 수 없었다.

사람을 설득하는 법에 대해 링컨은 다음과 같이 말했다.

"당신과 상대가 거의 비슷하게 옳다면 아무리 큰 건이라도 양보하라. 당신이 분명히 옳더라도 사소한 건이면 그냥 양보하라. 길에 대한 권리를 놓고 개와 다투다가 물리느니 그냥 개에게 길을 내주는 편이 더 낫다. 개를 죽여 보아야 물린 상처가 저절로 낫지도 않는다."

링컨이 말한 대로 먼저 양보하는 것이 현명한 방법이다. 하지만 사람들은 자신이 중요한 사람이 되기를 원해서 논쟁을 통해 상대방을 이기려고 한다. 그러나 논쟁을 벌이면 상대방은 열등감과 패배감만 느낄 뿐이고, 결국에는 이겨도 진 것과 마찬가지이다. 그래서 논쟁은 피하는 것이 좋다. 상대방이 중요한 사람이라고 인정하고 양보해야 자신만 옳다고 믿는 자기중심적 사고에서 벗어날 수 있다.

우리 부부도 부동산 투자를 하며 잦은 싸움이 있었지만 이런 과정을 통해 서로 다름을 인정하고 양보하는 법을 배웠고, 점차 갈등은 사라졌다.

당신의 배우자가 부동산 투자를 반대하는 이유는 투자에 따른 불확실성에 대한 두려움 때문이다. 가만히 있으면 일어나지 않을 일인데 힘들게 모은 재산을 잃을지도 모르는 상황에 노출되는 것 자체가 두렵고 무서울 수밖에 없다. 자신이 아직 투자의 성과가 없다면 더욱 논쟁과 설득만으로는 배우자가 갖고 있는 두려움을 없앨 수 없다.

다름을 인정하고 투자의 동기 부여와 비전을 제시하며 자신의 의지를 친절하고 분명하게 설명해야 한다. 그 다음에 합의점을 찾으려고 노력하거나 그래도 안 된다면 성과를 통해 보여 주는 방법밖에 없다.

단기 이익을
추구하지는 않는가?

>> 　　2020년 1월, 회사 동료가 집이 안 팔린다며 푸념
했다. 여유 자금이 없어서 살고 있는 집이 팔려야 넓은 집으로 이
사할 수 있는데 도통 팔리지 않는다는 것이다. 더욱 안타까운 건
같은 가격에 넓은 집을 찾다 보니 지금 사는 곳보다 입지가 좋지
않은 동네로 이사해야 한다는 점이었다. 나는 상급지(더 좋은 동네)
로 갈 게 아니라면 이사를 하지 않는 게 좋을 것 같다고 넌지시 조
언했지만, 결국 회사 동료는 집을 팔고야 말았다. 나는 조심스레
집을 얼마에 팔았는지 물었다.

"얼마에 파셨어요?"

"2억 7천이요."

가격을 듣자마자 경악했지만 그 자리에서 내색하지는 않았다. 왜냐하면 팔자마자 그 아파트는 4억이 됐기 때문이다.

이러한 경우처럼 내가 집을 팔면 곧바로 그 집이 오른다는 안타까운 이야기는 어디서든 쉽게 들을 수 있다. 다들 이것을 운이 나쁘다고 말하지만 나는 운이 아닌 예견된 미래라고 말하고 싶다. 왜냐하면 매도를 희망하는 실수요자는 투자자만큼 부동산 공부를 할 리 없다. 실수요자는 상승 직전에 팔 가능성이 투자자보다 크고, 투자자는 상승 직전을 알아볼 가능성이 실수요자보다 높다. 즉, 실수요자는 투자자에게 수익을 헌납하게 되는 경우가 비일비재하다.

20여 년 전, 세입자로만 살던 우리 가족은 어머니의 결단으로 9천만 원에 3룸 빌라를 분양받았다. 내 집 마련의 기쁨과 함께 그 집에 사는 동안 우리 가족은 수많은 추억을 쌓을 수 있었다. 이사를 할 당시부터 재개발 이야기가 계속해서 나왔고, 조금씩 재개발이 진행됐다. 그런데 공교롭게도 부동산 하락장이 찾아왔고, 그로 인해 사업에 진척이 없자 세대원들은 웃돈 1,000~3,000만 원을 받고 집을 매도했다. 그러나 어머니만 홀로 진득하게 기다리셨다. 그렇게 20년의 세월이 지나 빌라는 대단지 아파트로 탈바꿈되면서 9천만 원이었던 빌라는 9억 원의 아파트가 됐다. 운도 따랐지만 오랜 기다림으로 어머니는 큰 보답을 받게 된 것이다.

20년 동안 어머니가 빌라를 지켰는데 앞으로는 빌라가 어머니의 노후를 지켜 줄 것 같다.

숙주나물의 사이다 한 마디

회사 동료와 어머니의 사례처럼 입지가
좋은 부동산일수록 되도록 팔지 않는 것이 좋다.
그리고 그 집을 지키고 아껴 주면 은혜 갚은 까치처럼
훗날 그 집도 나를 아껴 주고 지켜 준다. 이러한 사실을
잊지 말고 아래 문구를 마음에 새기자.
'BUY AND HOLD'

전문가에게 의지하려고
하지는 않는가?

>>>   부동산 전문가 8명에게 2020년 4월 총선 후 부동산 시장 전망에 대해 물었고, 이상우 위원을 제외한 나머지 7명 모두 하락을 전망했다. 그런데 KB부동산 데이터를 통해 살펴보니 2020년 5~12월 서울 아파트 상승률은 무려 10.3% 상승했다. 내로라하는 전문가들도 단 한 명만 빼고 모두 예상을 크게 벗어난 것이다.

우리는 불확실한 미래에 대한 불안감을 조금이나마 해소하고 싶은 마음에 전문가의 전망에 기대기 마련이다. 하지만 전문가의 전망이 모두 맞는 것은 아니다. 누구는 서울 집값이 오른다고 하고, 누구는 하락할 거라고 말하고, 누구는 빌라는 절대 안 된다고 말하고, 누구는 빌라로 돈을 벌고, 누구는 상가로 전 재산을 잃고, 누구는 상가로 큰 수익을 내는 등 혼재된 게 부동산 시장이다. 그래서 전문가마다 이야기가 다르고 추구하는 투자 방향과 철학도 다르므로 시장 전망도 다를 수밖에 없다.

그래서 나는 시장 전망은 '한 귀로 듣고 한 귀로 흘려야 한다'고 말한다. 주식 투자에 실패한 뉴턴도 "천체의 움직임은 계산할 수 있지만, 사람들의 광기는 계산할 수 없다"라고 말했다.

《돈의 속성》의 저자 김승호 회장은 "경제 전문가는 경기를 예측할 수 있나? 아무도 없었고 앞으로도 아무도 없을 것이다."라고 말했다. 당연한 이치다. 전망을 예측할 수 있는 사람이 있다면 과장을 보태서 한 마을을 전부 샀을 테니까.

안타깝게도 전문가들의 전망에 본인의 투자를 결정하는 사람들이 많다. 물론 경기를 예측하는 사람들의 책과 강연도 참고하면 도움이 된다. 내가 말하고자 하는 것은 투자할 때 전문가의 전망에 자신의 선택권을 맡기기보단 남에게 의지하지 않고 소신껏 '자립심'으로 해야 한다는 점이다.

과거의 나 역시 부동산 투자에 마술 같은 비법이 있을 거란 착각에 전문가들을 쫓아다녔다. 유명하다는 강의는 주말에도 지친 몸을 끌고서라도 부지런히 들으러 다녔고, 강의 후 뒤풀이 시간도 놓치는 정보가 있을까 싶어서 졸린 눈을 비비며 밤 늦게까지 자리를 지켰다. 휴일에는 먼 지방까지 가서 페인트를 뒤집어쓰며 투자 고수의 셀프 수리를 도왔다. 당시에는 이것도 노력이라 생각하며 위안 삼았지만, 이러한 노력은 남을 의지하게 되면서 그의 마음을 사기 위한 헌신일 뿐이었다. 그런 헌신에도 불구하고 나는 투자하는 족족 실패하면서 2억 원 정도를 잃었다. 그야말로 당시의 나는 엉망이었다. 돌이켜 생각해 보니 당연한 결과였다. 남에게 예속되거나 의지하고 싶은 나약한 마음으로는 당연히 성공할 리 없기 때문이다. 실패를 혹독하게 경험하고 나서야 비로소 '자립심'을 갖게 됐다. 그 이후 남들이 볼 때는 초라한 성적일 수 있지만 성공 투자를 이어 가고 있다.

숙주나물의 사이다 한 마디

전문가의 말에 의지하거나 그들에게 헌신하지 않아야 한다.
의지하고 헌신을 쏟아야 할 건 남이 아니라
오로지 '나 자신'이다. 그래야 성공하는 투자의 덕목인
'자립심'을 가질 수 있기 때문이다.

무조건 상승할 거라고 생각하는가?

>>>   2012년에는 《부동산은 끝났다》라는 책이 베스트 셀러였던 시기이다. 집값이 매일같이 하락하면서 뉴스와 신문마다 하우스푸어에 대한 기사로 도배됐다. 당시 폭락을 주장한 한 경제 전문가는 부동산을 사라고 하는 토끼몰이에 당하지 말아야 하며, 결국은 폭탄 돌리기에 희생자가 될 거라고 주장했다. 나 역시 우리나라도 일본과 같이 인구가 줄고, 빈집이 속출하면서 집 값은 계속 하락할 거라는 주장을 철썩 같이 신봉했다.

당시 나는 결혼을 해서 신혼집을 구해야 했다. 아내는 전세가에 2천만 원만 보태면 집을 살 수 있다며 집을 사는 게 어떻겠냐고 제안했지만, 나는 집값은 하락할 거라며 아내의 말을 단칼에 거절했다. 그렇게 우리 부부는 전세로 신혼을 시작했다. 그런데 어쩐 일인지 집값이 상승하기 시작했다. 2014년 전세 만기가 돼 이사 갈 집을 알아볼 때는 거주하고 있던 집이 2년 만에 6천만 원이나 상승했다. 난 충격에 빠졌다. 2년 전에는 마음만 먹으면 살 수 있었는데 이젠 살 수 없게 돼버린 것이다. 6천만 원을 모으려면 회사에서 야근하고 눈칫밥 먹어 가며 몇 년을 인내하며 모아야 하는 돈인데, 집주인은 앉아서 2년 만에 6천만 원을 벌었다는 생각이 드니 당황스럽고 혼란스러웠다.

이후 아내는 우연히 부동산 책을 읽게 됐고, 아내의 추천으로 나도 부동산 책을 읽게 되면서 새로운 세상을 만난 것 같았다. 빨리 부자가 될 수 있을 거라는 생각에 흥분돼서 잠을 이루질 못할 정도였다.

당시에 나는 그림쟁이로서 성공해도 서울에 내 집 한 채 갖기 힘들다는 현실을 자각하고 회사 생활에 회의감이 들 때였다. 부자는 아무나 되는 게 아니라고 생각했는데 책을 읽고는 빨리 부자가 될 수 있을 거란 생각에 마음이 급해졌다. 곧바로 경매를 배웠고, 레버리지의 개념을 깨닫고 무작정 아파트에 투자하기 시작했다. 말 그대로 묻지도 따지지도 않고 투자해 곧바로 나는 6채 아파트의 집주인이 됐다. 자신감은 넘쳤고 벌써부터 부자가 된 것만 같았다. 하지만 얼마 가지 않아 그 생각은 착각이라는 사실을 깨닫게 됐다. 안타깝게도 상승장이 시작된 수도권이 아니라 하락장이 시작된 지방 아파트에 투자했기 때문이다. 투자한 시점부터 약속이라도 한듯 한 채도 빠짐없이 하락하기 시작했다.

그뿐만이 아니었다. 2017년에는 마이너스 통장까지 사용해 현금 모두를 비트코인 투자에 올인했다. 당시 대한민국의 많은 사람들이 비트코인에 취하고 중독됐을 때였다. 상승의 속도가 붙자 앞으로도 상승할 수밖에 없음을 온갖 이유를 들어 그럴싸하게 갖다 붙였다.

"특정 국가가 규제해도 상관없다. 전 세계의 사랑을 받고 있으니깐."

"수량이 한정돼 있어서 수급 논리로 상승할 수밖에 없다."

"수수료 없는 국가 간 자본의 빠른 이동 및 블록체인 기술로 위조 걱정 없는 화폐의 혁명이다."

"화폐의 역사는 이제 겨우 100년이다. 국가가 돈을 찍어서 인플레이션으로 인해 가치가 하락할 수밖에 없는 기존 화폐에서 비트코인은 정해진 통화량으로 시간이 지날수록 가치가 상승한다. 그러므로 모두가 비트코인을 보유하려고 할 것이고 곧 기존 화폐를 대신할 것이다."

그럴싸한 상승 논리에 취해 끝도 없이 상승하는 비트코인을 바라보며 모두가 '가즈아'를 외치며 미쳐 있었다. 부끄럽지만 나 역시 그랬다. 투자하는 족족 100% 수익률을 넘겼다. 마술같이 돈이 불어나는 것을 보면서 정말 세상을 바꿀 혁명의 화폐라고 믿고 금방 부자가 될 거라는 꿈에 부풀어 있었다.

비트코인의 장점은 분명히 있다. 디지털 금으로써 인플레이션을 방어하는 수단으로 자산 시장의 한 카테고리를 차지할 수 있을지도 모른다. 그렇지만 당장 기존 화폐를 대신하기에는 시기상조다. 왜 그런지 설명해 보자.

수량이 정해진 비트코인을 화폐로 쓰는 나라에서 경기 침체가 오면 어떻게 될까? 그 정부는 화폐를 찍는 경기 부양 자체를 할 수 없게 된다. 부자들은 돈을 벌지 않아도 굶어 죽을 염려가 없지만, 하루 벌어 하루 먹고 사는 가난한 사람들은 누군가 돈을 쓰지 않으면 수익이 발생하지 않는 탓에 생존의 위기까지 올 수 있다. 그래서 정부는 경기가 침체되면 돈을 찍어서 굶어 죽는 사람이 없도록 경기 부양을 해야 한다. 그런데 비트코인이 기존 화폐를 대신한다면 과거 금본위 시절처럼 정부의 의지대로 돈을 마음껏 찍어 낼 수 없으므로 경기 침체가 기약 없이 길어질 수 있다. 따라서 비트코인의 장점이라 여겼던 정해진 수량이 정부가 수량을 통제할 수 없는 탓에 치명적인 단점이 된다.

당시 비트코인이 상승했던 근거는 기존 화폐를 대신할 거란 믿음이 기저에 깔려 있었고, 누구나 갖고 싶은 마음에 사회 문제가 될 정도로 큰 거품을 만들어 냈다. 거품은 근로 의욕을 떨어뜨리고, 거품이 사라질 때는 파산하는 사람들이 속출할 수도 있다. 이러한 부작용을 만들어 내는 비트코인을 세계 각국에서 용인할 리없었다. 그에 따라 한국, 중국, 미국을 시작해 세계 각국이 동시다발적인 규제를 기점으로 끝도 모를 정도로 상승했던 비트코인의거품은 사라졌다. 비트코인에 대한 강의와 방송, 책을 통해 명성을 크게 얻던 사람들도 비트코인의 거품과 같은 운명을 맞았다.

나 역시 무지와 탐욕, 그리고 조급함의 대가로 적지 않은 손실을 봐야 했다. 지방 아파트와 비트코인 투자까지 큰 손해를 보며한 마디로 투자하는 족족 하락하는 '똥손 투자자'였다. 부자가 될거란 희망에 투자를 시작했는데 파산하기 직전이 됐고, 혹독하게실패해 버리고 만 것이다.

실패의 원인은 무엇이었을까? 무조건 상승할 거란 맹신 때문이었다. 의심해야 검증하기 위해 공부하는 법인데 말이다.

비록 금전적 손해를 크게 봤지만 나에겐 큰 약이 됐다. 상승의환희와 하락의 절망을 빠른 시간에 모두 겪었기 때문이다. 이러한 경험은 오래 보유할 것이 아닌 자산은 매입 가격 이하로 파는'손절'과 매입 가격 이상으로 파는 '익절'을 기민하게 대응해야 한다는 교훈을 얻게 됐다.

비트코인뿐 아니라 주식 및 부동산 등 전통적인 투자 자산도 긴 시간 상승하면 모두가 집단 체면에 빠져서 온갖 이유를 대며 상승 논리를 펼친다. 하지만 우리는 항상 의심해야 한다. 다시 한 번 말하지만 의심해야 검증하려 하고, 검증하려면 공부를 해야 하기에 돈을 지킬 수 있다. 워런 버핏도 자신의 투자 원칙으로 강조했듯이 돈을 버는 것보다 중요한 건 돈을 잃지 않는 것이다.

그럼 돈을 지키는 방법을 알아보자.

매수보다 매도가 훨씬 어렵다. 팔고 나서 더 오를까 봐 두렵고, 손실 확정의 두려움도 있다. 만약 하락의 가능성이 크다면 동상에 걸린 팔을 몸이 썩기 전에 자르는 심정으로 결단해야 한다. 그래야 다음 기회를 노릴 수 있고 기회비용을 잃지 않는 것이다. 손절해야 하는 가장 중요한 이유 중 하나는 하락의 폭이 크면 클수록 원금으로 상승하는 데 더 큰 여력이 필요하다는 점이다. 기본 금액이 100원일 때 하락 폭에 따른 원금으로의 회귀를 위한 상승률은 대략 다음과 같다.

10% 하락 후 11% 상승, 30% 하락 후 43% 상승, 50% 하락 후 100% 상승. 즉, 하락 폭이 크면 클수록 기본 금액을 되찾는 데 필요한 상승률의 폭이 더 커져야 한다. 손절하지 않을수록 원금 회복의 가능성이 요원해진다는 것이다. 그래서 손절은 빠른 판단으로 과감하게 해야 한다.

수익이 났다면 익절을 통해 수익 실현을 해야 한다. 팔지 않으면 그저 사이버머니에 불과할 뿐이다. 그래서 나는 '익절은 항상 옳다'고 강조한다. 익절은 본인만의 수익률 기준이 있어야 한다.

물론 예외는 있다. 우량 자산은 수요가 많으므로 꾸준히 상승할 가능성이 크기 때문에 오래 보유할수록 좋다. 익절과 손절을 기민하게 파악해야 하는 자산은 저우량 자산에 적합하다. 수요가 적기 때문에 오래 보유해도 상승할 가능성이 적다면 단기 투자를 하는 게 좋다. 즉, 저우량 자산은 우량 자산보다 타이밍에 맞춰서 사고파는 트레이딩이 필요하다. 예를 들면 '5% 손해면 무조건 손절한다, 15% 이익이 발생하면 익절한다' 이러한 자신만의 기준이 필요하다.

숙주나물의 사이다 한 마디

본인이 보유한 물건을 좋은 물건부터 내림차순으로 정리하고, 보유세를 감당할 수 있는 선에서 안 좋은 물건은 익절과 손절을 기민하게 대응해야 한다.
투자는 본인만의 기준을 세워서 오래 보유할 것(단기 투자)과 아닌 것(장기 보유)을 분류하고 판단하는 것부터 시작해야 한다.

욕심을
절제할 수 있는가?

>>> "숙주나물님, 서울에 실거주할 집을 매수하고 싶은데요. 어디가 가장 좋을까요? 요즘 같은 불장(부동산 가격이 급격히 상승해 열기가 뜨거운 장)에 사는 게 맞나 싶기도 한데, 당장 집을 구해야 하는 처지라…. 어떻게 생각하시나요?"

내 강의를 들은 수강생의 질문에 나는 이렇게 답변했다.
"가장 비싼 지역에 가장 비싼 아파트를 취득해서 거주하시면 됩니다."

많은 사람들은 실거주 목적으로 집을 알아볼 때 희망 사항을 이렇게 말하곤 한다. 일자리도 가깝고, 교통도 편하고, 교육도 좋고, 환경도 깨끗하고, 슬리퍼 상권이고, 거주 만족감도 높고, 가장 중요한 가격도 올랐으면 좋겠고, 그것도 적은 돈으로 말이다. 하지만 세상에 그런 집은 없다.

이미 가격은 가치를 다 반영하고 있기 때문이다. 당장 돈이 많다면 걱정 없이 가장 좋은 지역에서 대장 아파트를 사는 게 최고의 선택이다. 비싼 아파트가 결국은 가장 많이 오르기 때문이다.

하지만 사정이 여의치 못한 절대 다수는 당장 적은 돈으로 실거주와 투자라는 두 마리 토끼를 잡고 싶어 한다. 물론 가능하다. 단기 시세 차익 목적으로 집을 매수한다면 조정을 크게 겪은 지역 또는 긴 하락장을 겪은 곳을 취득해서 이사를 가면 수익과 실거주 두 마리 토끼를 잡을 수 있다. 하지만 현실은 자녀의 학교 및 회사와의 거리도 무시할 수 없는 노릇이다. 그래서 자신이 거주했을 때 주거 안정성을 고려한 편리한 지역과 감당할 수 있는 한도 내에서 가장 비싼 아파트를 취득하는 게 바람직하다.

나는 일 년마다 이사를 다닌다. 이사를 다니는 일이 번거롭고 불편함을 감수해야 하지만 그럼에도 매년 지금보다 더 좋은 동네로 이사를 간다. 주거 안정성보다 투자를 선택한 것이다. 이사를 가는 시기는 상급지와의 가격이 좁혀졌을 때 그 찰나를 놓치지 않고 결정한다. 여기서 그치지 않고, 실거주 외 부동산도 추가로 취득하고 있다. 실거주 한 채만 사고 끝내 버리면 인플레이션 방어 정도만 할 뿐 시장 평균의 초과 수익을 내기는 힘들기 때문이다.

그 이유는 간단하다. 한 채만 보유했을 때는 어쨌든 주변도 다 같이 오르고, 내릴 때도 다 같이 내리기 때문이다. 같은 동네에서 내 집만 특별히 더 많이 올라, 오르지 않은 곳으로 이사를 가서 차익을 남기기란 힘든 법이다.

물론 집을 팔고 임대로 거주하거나 가격이 훨씬 저렴한 지역으로 이사를 가면, 현금이 생기므로 돈을 버는 효과가 생긴다. 하지만 그렇게 할 게 아니라면 실거주 용도 한 채로는 돈을 번다고 보기는 어렵다. 그래서 부동산 투자로 돈을 벌 목적이라면 최소 2채 이상 보유해야 한다. 실거주 용도로 산 주택은 직접 거주하고, 투자 용도로 산 주택은 사고팔아야 수익을 낼 수 있는 법이다.

투자 용도로 집을 매입할 때 가장 중요한 것은 이미 오른 것보다 내린 걸 사는 게 유리하다. 직접 거주하지 않아도 되기 때문에 매수 시기와 지역을 선택할 수 있는 장점을 살릴 수 있다. 본인이 보유한 부동산 중 가장 좋은 부동산은 꾸준하게 우상향하는 부동산의 특성상 팔지 않고 오래 보유할수록 유리하다. 하지만 우량 부동산이 아니라면 꾸준하게 사고팔면서 수익을 내는 것이 중요하다.

워런 버핏의 연평균 수익률이 약 25% 정도다. 생각보다 수익률이 높지 않다고 생각할 수도 있다. 하지만 대박을 바라지 않고, 매년 꾸준한 수익률을 올린 결과 워런 버핏은 세계 최고의 부자가 됐다. 이 대목에서 중요한 것은 꾸준하게 수익을 낸다는 점이다.

워런 버핏은 또한 잃지 않는 투자를 강조한다. 그렇다면 더 오를 순 있어도 추격 매수(금방 벌 수 있지만 잃을 수도 있는 투자)는 주의하는 게 좋다. 그리고 안정적으로 꾸준한 수익을 내는 투자를 하려면 아직 오르지 않았거나, 긴 하락장을 겪었거나 또는 오르지도 않았는데 최근 큰 조정을 겪은 곳을 찾는 게 현명하다. 그게 가치 투자(현재 가치보다 저평가)이고, 워런 버핏과 같이 부자가 되는 방법이다.

투자를 꾸준히 잘하려면 어떻게 해야 할까?

'이걸 사야 하나. 팔아야 하나?'라는 물음에 아래처럼 쉽게 대답할 수 있어야 한다.

"아, 많이 올랐구나. 그럼 팔아야지."

"아, 여긴 많이 내렸구나. 그럼 사야지."

이런 판단을 스스로 생각하고 결정해야 한다. 하지만 대부분의 사람들이 투자에 실패하는 이유는 많이 내리면 가치가 없는 것 같아서 사기 두렵고, 보유한 물건이 많이 오르면 좋은 면만 보여 팔기 아까워하는 데 있다.

"더 오르면 어떻게 하지…."

"이거 팔고 살 것도 없는데…."

"다시는 못 살 것 같은데…."

"팔기 아까운데…."

이런 감정적인 요소에 지배를 받아 투자에 실패하게 된다. 그냥 단순하게 오르면 팔고, 내리면 사야 한다. 팔았는데 오르면 어떻게 하냐고? 익절은 수익이 확정된 것이고, 팔지 않으면 그저 사이버머니일 뿐이니 익절은 항상 옳다. 게다가 오른 걸 팔아서 하락의 위험성을 덜어 내고, 충분히 하락해서 이제 상승할 확률이 높은 걸 샀다면 꾸준하게 수익을 낼 수 있는 안전한 투자를 하는 셈이다. 물론 오래 보유할수록 상승장의 끝까지 모든 수익을 누릴 수 있겠지만, 상승장 후반부로 갈수록 비싼 가격을 부담스러워하는 시장 참여자들의 공감대가 형성되면 팔기 어렵게 된다. 자칫 팔지 못해 돈의 흐름이 막힌 상태에서 하락장을 맞이하면 원치 않는 장기 투자를 해야 할 수도 있다. 그러면 앞으로 좋은 기회가 있어도 투자할 수 없는 환경에 놓여 기회도 잃게 된다. 그래서 욕심 내지 않고 절제하는 미덕으로 꾸준하게 수익을 내는 것이 중요하다.

오르면 더 오를까 봐 팔기 힘들고, 내리면 누구도 관심 갖지 않는 게 사람 마음이다. 2013~2016년 때만 해도 서울의 랜드마크인 경희궁자이, 마포래미안푸르지오, 래미안에스티움 등의 아파트 모두 미분양이었다. '빚 내서 집 사라'는 부동산 완화 정책을 해도 사람들은 사지 않았다. 그런데 지금은 7년째 집값이 계속 상승하고 사지 말라는 규제를 쏟아 내도 사람들의 매수 열기는 식지 않고 있다. 가격이 낮고 하락할 때는 관심이 없었는데, 오르니깐 사고 싶은 게 사람 마음이다. 이처럼 투자에 있어서 심리가 미치는 영향이 매우 크다. 하지만 이제부터는 이를 교훈삼아 반대로 해야 한다. 하락하면 사고, 오르면 양도세를 내더라도 팔아야 한다.

팔고 나서 더 올라도 된다. 익절한 돈으로 저평가된 다른 부동산에 투자하면 된다. 다시 한 번 강조하지만 가장 좋은 부동산은 보유할수록 유리하다. 그래서 익절의 우선 순위는 보유한 것 중 가장 안 좋은 부동산을 우선으로 해야 한다.

수익이 크지 않더라도 수익을 꾸준히 내는 게 왜 중요한지 설명해 보겠다.

나는 2년마다 투자금 대비 수익률 50%를 제안한다. 1억 원을 투자해서 2년 뒤 5천만 원을 벌면 1억 5천만 원이 되고, 1억 5천만 원으로 2년 뒤 50% 수익을 내면 2억 2,500만이 된다. 이런 식으로 시간을 두고 꾸준히 수익을 내야 복리로 자산을 늘릴 수 있다. 이렇게 2년마다 50%씩 20년 동안 꾸준히 수익을 낸다면 얼마나 될까? 무려 56억이다. 꾸준한 수익률이 가져오는 놀라운 결과이다. 그런데 사람들은 1억 원을 투자해서 당장 2억, 3억 이상을 벌고 싶어 한다. 빨리 돈을 벌려는 욕심이 생기면 이익이 많이 나오는 것에 쉽게 현혹돼 감정에 따라 투자하게 되고, 올바른 판단을 할 수 없어 투자에 실패한다. 그래서 욕심을 절제하면서 느리더라도 꾸준하게 수익을 내는 것이 곧 부자가 되는 방법이다.

【 1억 원으로 투자한 A, B, C의 10년 후 투자 성과 】

년차	A의 투자 성과		B의 투자 성과		C의 투자 성과	
	투자수익률	누적투자금액	투자수익률	누적투자금액	투자수익률	누적투자금액
1년차	50%	15,000만 원	30%	13,000만 원	25%	12,500만 원
2년차	50%	22,500만 원	30%	16,900만 원	25%	15,625만 원
3년차	50%	33,750만 원	-30%	11,830만 원	25%	19,531만 원
4년차	50%	50,625만 원	30%	15,370만 원	25%	24,414만 원
5년차	50%	75,937만 원	30%	19,990만 원	25%	30,517만 원
6년차	50%	113,906만 원	-30%	13,990만 원	25%	38,146만 원
7년차	50%	170,859만 원	30%	18,190만 원	25%	47,683만 원
8년차	50%	256,289만 원	30%	23,650만 원	25%	59,604만 원
9년차	50%	384,433만 원	-30%	16,550만 원	25%	74,505만 원
10년차	-100%	0만 원	115%	21,520만 원	25%	93,132만 원

앞의 표를 보자. A투자자는 다른 투자자들보다 과감한 투자로 매년 50%씩 가장 높은 수익률을 기록했다. 하지만 10년 차에 무리한 행동이 습관이 된 탓에 −100% 손실을 내면서 그동안 모았던 모든 돈을 날렸다. B투자자는 A보다는 무리하지 않고, C보다는 무리한 결과로 30% 수익을 내기도 하고, 잃기도 했다. 10년 차에 대박을 터뜨리며 115%의 수익을 냈다. 가장 수익률이 낮았던 C투자자는 무리하지 않고, 잃지 않는 투자로 꾸준하게 25%씩 수익을 내니 결과적으로는 셋 중 가장 많은 돈을 벌었다. C는 A와 B보다 낮은 수익률일지라도 변함없는 수익률을 기록했고, B와 같은 대박은 없어도 가장 부자가 된 것이다.

그렇다면 부동산 투자로 꾸준하게 수익을 내기 위해서는 어떻게 해야 할까?

우선 투자하고자 하는 지역이 현재 올랐는지 하락했는지 파악하고, 충분히 하락했다면 앞으로 더 하락할 것인지 확인하기 위해 입주 물량을 파악한다. 그리고 내가 살 물건이 좋은 건지 안 좋은 건지 파악하고, 안 좋은 거면 왜 이걸 선택할 수밖에 없는지 물음에 답할 수 있어야 한다. 그것이 부동산 투자로 부자가 되는 방법이다.

세 가지를 꼭 기억하자!

- 쌀 때 사고 비쌀 때 판다.(비쌀 때가 언제인지 모른다면 익절은 항상 옳다는 생각으로 접근한다.)

- 적더라도 수익을 꾸준하게 낸다.

- 당장 수익을 낼 확률과 잃을 확률이 동시에 혼재된 추격 매수는 주의하자. 급등은 빠른 수익을 낼 수 있지만, 동시에 급락도 동반하기 때문이다.

경쟁을 즐기고 있는가?

>>> 　　　상위 1%가 모든 부를 독차지했기 때문에 본인이 가난하다고 믿는 사람들은 평등을 주장하며 이렇게 외친다.

"우리는 99%에 해당된다."

"부자는 갑질이 일상적인 사람들이다."

"부자는 도덕적이지 못한 방법으로 돈을 벌 거야."

"부자는 정이 없고, 돈만 아는 사람들이다."

많은 사람들이 부자에 대해 부정적인 감정을 드러내는 이유는 무엇일까?

경쟁에서 쟁취한 부를 일부만 누리기 때문이다. 그래서 대다수

사람들은 부자들에게 박탈감과 질투를 느끼고, 공평하지 않다고 생각하며 분배를 통해 평등의 가치가 실현되기를 소망한다. 이런 사람들은 선택하고 싶지 않은 치열한 경쟁과, 경쟁의 결과에서 오는 책임을 져야 하는 불확실한 자유보단 국가가 많은 것을 대신 선택하고 책임져 주기를 바란다. 그래서 부자들에게 세금을 걷어서 기본소득으로 돈을 대가 없이 받는 게 공정하다고 생각하며, 기본주택 제도를 도입해 국가가 주거의 안정을 책임져 주길 바라며, 경쟁 없는 행복한 세상을 원하면서 자사고와 특목고가 폐지되기를 바란다. 이처럼 일부 사람들은 책임은 지기 싫고 경쟁도 싫어한다. 경쟁에서 이기려면 노력해야 하는데 노력은 힘들고, 결과의 책임도 두렵기 때문이다. 그저 부자에게서 세금을 징수해 분배를 통한 자산 불균형 해소가 공정한 사회라고 믿기 쉬운 것이다.

하지만 분배를 추구하고 경쟁이란 단어에 거부감이 드는 사람은 부자 될 자격을 갖추지 못한 것이다. 더불어 경쟁은 나쁜 것이 아니라 개인과 국가를 발전시키는 강력한 동기 부여다. 손흥민, 김연아, BTS 멤버들과 같은 개인도, 삼성 스마트폰, 현대자동차 등의 기업도 치열한 경쟁에서 살아남아서 최고의 자리에 올라갔다는 사실을 잊지 말아야 한다.

부자가 되려면 경쟁을 기꺼이 받아들여야 한다. 노력하지 않은 채 평등과 분배를 추구하며 부자를 탓하는 삶으로는 현실이 절대 바뀌지 않는다. 단지 자신이 가난한 이유를 합리화하는 것뿐이다.

부자가 되려면 부자에게 분노할 게 아니라 그들이 어떻게 부를 이뤘는지 연구하는 게 현명하다. 스마트폰을 창조한 애플을 벤치마킹해서 세계 최고 기업으로 도약한 삼성처럼 당신도 부자를 벤치마킹해서 부자가 될 수 있다.

부자를 보며 질투하지 않을 자신이 있는가?

>>> 한 커뮤니티에 올라온 무주택자의 글이다.

"규제를 완화하는 것이 집값이 떨어지는 정책이라고 해도 투기꾼들 배불려 주는 건 너무 싫습니다. 차라리 투기꾼들 배불려 주느니 집값 버블이 미친 듯이 커지다 터져서 다 같이 죽는 게 제 마음이 더 편할 것 같습니다."

무주택자가 쓴 이 글을 보면서 어떤 심정인지 이해는 됐다. 오죽하면 그럴까 싶었다. 한편으론 '사촌이 땅을 사면 배가 아프다'라는 속담을 여실히 보여 줬다. 얼마나 배가 아프면 본인에게 기회가 온다고 해도 타인이 잘 되는 것을 보기보다는 그냥 다 같이 죽는 게 마음이 더 편할 것 같다니 말이다. 자신이 잘 되는 것보다 상대방이 안 되길 바라는 사람들이 많은 것 같다.

"다주택자들이 수익 실현을 할 수 없을 정도로 양도세 중과를 시행하라!"

"다주택자가 집을 팔 수밖에 없을 정도로 보유세를 왕창 올려라!"

이러한 요구에 정부는 양도세 중과를 시행했고, 보유세도 올렸다. 그래서 현재 부동산 시장은 어떻게 되었나? 다주택자들은 양도세 중과 정책으로 주택을 팔아도 수익이 나는 게 적다 보니 집을 팔기보다 보유하는 것으로 대응했다. 그러자 파는 매물이 줄어드니 집값은 폭등하고, 이번 생에 집 사기는 망했다는 '이생집망'의 신조어를 탄생시켰다. 또 새로 시행한 임대차법과 보유세를 올리는 정책은 임대를 제공하는 주체인 다주택자에게 전세를 제공할 유인이 사라지게 해 임대를 포기하거나 임대가 늘지 않아서 임대료까지 폭등하고 있다. 그 결과 임차인은 어쩔 수 없이 정든 동네를 떠나야 하는 상황에 놓이게 됐다.

다주택자가 집을 팔면 집값이 하락할 거란 생각을 하는 사람들이 많다. 하지만 그렇지 않다. 그 이유를 설명해 보자.

다주택자들이 투자한 주택을 공실로 됐다면 강제로 매물을 내

놓게 하는 정책이 효과를 볼 수 있다. 하지만 다주택자는 투자한 주택을 공실로 두지 않고 임대를 제공한다. 이때 임대로 제공한 주택을 실수요자에게 매각하려고 내놓으면 어떻게 될까? 매물이 쌓이면서 가격은 조정을 보인다. 하지만 그만큼 임대주택이 사라지기 때문에 임대로 거주했던 사람은 다른 주택을 구할 수밖에 없고, 전월세 가격은 매우 불안해질 수밖에 없다. 따라서 주택 총량이 늘지 않은 상태에서 강제로 다주택자의 매물을 시장에 풀리게 하면 매매 가격은 안정될 수 있지만 전월세 가격은 불안해진다. 그리고 장기적으로는 전월세 가격의 상승이 매매 가격까지 밀어 올리면서 매매가와 전세가 모두 오르는 상황에 놓이게 된다.

그렇다면 어떻게 해야 임대 가격이 안정될까? 그것은 임대를 제공하는 다주택자가 많아져야 한다. 거기다 매매 가격까지 안정시키려면 주택의 총량이 늘어나는 공급이 많아져야 한다.

새 임대차법은 왜 전월세 가격을 상승하게 만들까? 분명 집이 줄어든 것도 아니고, 사람이 늘어난 것도 아닌데 말이다. 이유는 유통 물량의 속도가 줄어들었기 때문이다. 이를 은행에 빗대어 설명해 보겠다.

정부가 각 은행에 손님을 배려하라는 지침을 내려 상담 시간을 2배로 해 줘야 하는 상황이라면 어떤 일이 발생하겠는가? 번호표를 뽑고 기다리는 사람들은 대기 시간이 길어지고, 그 다음 사람은 더 길어지고, 그 다음 사람은 더욱 길어져서 고객들의 컴플레인으로 인해 혼란이 발생할 것이다. 은행 직원이 밤을 새우고, 기다려 주는 사람도 끝까지 인내하면 모두 상담을 받을 수 있겠지만, 전세라는 건 당장 이사해야 하는데 마냥 기다릴 수는 없는 노릇이다. 길거리에 나앉을 수는 없으니 웃돈을 주고서라도 전세를 경쟁적으로 구하면서 가격이 상승하게 되는 것이다.

그렇다면 직원의 숫자(공급)를 늘리면 되지 않냐고 반문할 수 있다. 하지만 직원을 바로 늘리는 데는 시간이 필요하다. 서류, 면접, 교육 등을 거쳐야 하니 말이다. 주택 공급 역시 빠른 시간 안에 해결할 수 없다. 즉, 빠른 해결을 위해서는 다음 사람을 위해서 상담 시간을 줄이면 되듯이 전월세 기간을 2+2에서 다시 2년으로 줄이는 방법이 있다. 아니면 다른 은행에 가라고 안내해 주면 조금은 나을 것이다. 이것은 전세에서 매매로 유도하는 것을 말한다.

다른 예를 들어보자.

1차선 도로에 맨 앞차가 초보 운전자라서 속도를 내지 못하고 있다면, 뒤의 차들은 모두 늦어질 수밖에 없다. 분명 차 숫자도 그대로고 도로도 바뀐 게 없는데 말이다. 뒤의 차들은 빨리 가라며 "빵빵" 경적을 울리며 호통치고 난리가 날 것이다.

하지만 새 임대차법은 앞차가 안전하게 늦게 가도록 도와주는 법이기 때문에 혼란이 생겨도 어쩔 수 없다. 이 문제를 해결하려면 도로를 새로 깔거나(주택 공급) 버스 전용 도로를 달리는 버스를 타라고 권유하거나(전세에서 매매 유도) 앞의 차가 속도를 내면 된다.(유통 속도)

　다주택자를 희생시켜서 무주택자들의 카타르시스를 제공하는 무리한 규제는 결국 무주택자인 본인과 우리 사회 전체의 역효과가 발생한다.

　그리고 역사적으로 질투와 열등감은 수많은 비극을 만들어 냈다. 자본가를 향한 박탈감과 열등감이 사유 재산을 인정하지 않는 공산주의를 탄생시켰고, 독일에서는 돈을 잘 버는 유대인에 대한 질투가 비극을 만들어 내기도 했다. 선조는 백성들의 추앙을 받는 이순신을 질투해서 죽이려고 했다.

　가톨릭에서 규정한 7대 죄악 중 하나가 질투인 것만 봐도 서양에서도 오래 전부터 질투심을 경계하고자 했음을 알 수 있다. 심리학에서도 타인의 행복에 불만을 느끼고 반대로 타인의 불행에 행복을 느끼는 정서가 있다는 연구가 있다. 한 예로 스포츠 기자가 바르셀로나 팬들을 상대로 '당신이 가장 기쁜 것을 고르라'라는 질문에 바르셀로나가 우승하는 것보다 레알 마드리드가 '듣보잡' 팀에 0:5로 완패하는 게 기쁘다는 대답이 가장 많았다. 이처럼 질투는 우월한 타인을 보면서 느끼는 열등감이고, 질투의 대상이 몰락하거나 불행하면 행복을 느낀다.

왜 타인의 불행에서 행복을 느끼는 걸까?

음식과 자원이 부족한 원시시대에서는 경쟁 상대가 몰락하거나 사라져야 번식과 생존에 유리했다. 우리는 이러한 DNA를 물려받았으므로 질투의 대상이 사라지면 열등감에서 해방이 되기 때문에 '카타르시스'의 감정을 느끼게 된다. 실제로 카타르시스 용어를 만든 아리스토텔레스는 "몰락과 비극을 관람하는 바로 그 순간에 오히려 인간은 구속으로부터 벗어나기보다 자유로운 초월을 체험하게 된다"고 했다.

집값을 안정시키기 위해 다주택자를 잡는다고 한들 문제는 해결되지 않는다. 단지 잠깐의 카타르시스만 느낄 뿐이다, 집값을 안정시킬 수 있는 단순하고 확실한 방법이 있다. 바로 공급을 많이 하면 된다. 주택이 많아지면 주택 가격은 안정을 찾는다. 집을 짓는 동안은 상승할 수 있지만 장기적으로 보면 안정된다. 1기 신도시가 입주할 때 증명되지 않았는가! 이처럼 주택 가격을 장기적으로 잡는 확실한 방법은 공급이다.

또 다른 예로 엄청난 인기를 끌었던 '허니버터칩'과 2020년 초에 마스크를 확보하기 위해 수요가 몰리면서 가격이 치솟았던 사례를 떠올려 보면 알 수 있다. 가격을 잡았던 것은 규제가 아니라 바로 공급이었다. 물론 과열 양상이 보이면 단기적인 안정을 위해 정부의 개입은 필요하지만 규제를 남발해 무주택자들의 카타르시스로 활용하는 정치 수단이 되어서는 안 된다. 뭐든 지나친 것은 미치지 못한 것과 같다고 했다. 균형이 중요한 법이다.

하지만 안타깝게도 이러한 수요와 공급을 무시하는 규제는 계속되고 있고, 공급은 되지 않아서 매매가와 임대료는 더욱 치솟는 결과를 만들었다. 그 결과 내 집 마련 문제로 다툰 남편이 아내를 죽이고 본인은 투신자살을 하는 비극이 발생하는가 하면 '벼락거지'라는 단어도 탄생했다. '벼락거지'란 서울 역세권 입지 좋은 아파트의 전세로 거주했던 무주택자가 임대차 계약 기간이 만료될 때, 감당할 수 없을 정도로 매매가와 임대료가 폭등해 어쩔 수 없이 빌라나 수도권 외곽 구축 아파트로 이사하면서 주거 환경이 악화된다고 해서 생긴 신조어이다.

부자가 돈을 많이 벌게 된 것은 그들의 노력 덕분인 것을 인정해야 한다. 그저 부자들을 바라보며 질투하고 단지 부모를 잘 만난 운이라고 치부하며, 자신이 부자가 되는 노력을 시작도 하기 전에 포기하지 말아야 한다.

우리나라가 OECD 평균보다 소위 말해 개천에서 용이 나는 비율이 높다고 한다. 그만큼 다른 나라보다 부자가 되기 쉽다는 의미이다. 그런데도 당신이 여태껏 부자가 안 된 이유는 실패할까 두려워 실행하지 않았기 때문이다. 단지 실패를 마주할 용기가 없을 뿐이다.

모두가 용이 될 필요 없이 개천에서 가재, 붕어, 개구리로 살아도 행복한 세상을 만들어 준다고 해도 귀담아 듣지 말자. 당신의 인생은 남이 만들어 주는 것이 아닌 스스로 개척하는 것이다. 용기를 내자.

숙주나물의 사이다 한 마디

부자는 질투와 열등감의 존재가 아니다.
그들이 어떻게 부자가 됐는지 탐구하고, 존중하고,
따라 해야 하는 존재다.
그래야 사회도 건강해지고,
본인도 어제와 다른 내일을 꿈꿀 수 있다.
이것이 바로 부자로 가는 길이다.

위험성을 알고
투자해야
함정에 빠지지 않는다

부동산 투자의 분야

>>>   주택을 취득하는 방법으로는 주택 청약에 당첨되거
나, 법원 경매로 낙찰을 받거나, 중개사의 도움을 받아 전세 레버
리지를 활용해 매매하거나(또는 일반 매매), 청약에 당첨된 사람의
입주할 수 있는 권리인 분양권을 사거나, 재개발, 재건축 조합원
이 돼서 입주권의 자격을 갖추는 것 등이다.

위에서 언급한 청약, 경매, 전세 레버리지 투자, 분양권, 입주권
에 대한 각각의 특징을 살펴보자.

청약과 경매는 시세보다 싸게 살 수 있으므로 사자마자 수익이
확정되는 투자다. 전세 레버리지 투자와 분양권은 시세대로 사서

상승하길 바라며 기다리는 투자 방법이다.

입주권은 오랜 시간이 지난 뒤 입주할 수 있는 탓에 인내의 시간만큼 가격은 저평가돼 있다. 따라서 비슷한 입지에 다른 아파트와 가격을 비교해서 입주할 때의 가격을 충분히 예상해 볼 수 있다. 즉, 입주권은 저평가된 만큼 시세 차익을 예상해 오랜 시간을 감내하며 기다리는 투자이다.

쉽게 정리하면 청약과 경매는 매입 직후 확정 수익을 예상할 수 있고, 전세 레버리지 투자와 분양권은 수익이 날 때까지 기다리는 것이며, 입주권은 살 때부터 미래 수익을 예상하며 기다리는 투자라고 볼 수 있다.

각각의 투자 분야에 어떤 위험성과 주의할 점이 있는지 좀 더 자세히 들여다보겠다.

청약의 함정

≫   대부분의 무주택자들은 내 집 마련을 위한 방법으로 청약에 당첨돼서 새 아파트를 분양받고 싶어 한다. 모두가 선호하는 새 아파트에 입주할 수 있고 분양가 상한제까지 적용되면 시세보다 훨씬 저렴하게 살 수 있기 때문이다.

청약에 지원하기 전 민간분양과 공공분양의 차이점을 파악하고, 자신이 특별공급 조건에 해당하는지, 청약 가점 확인 및 저축 납부 횟수와 저축 총액(예치금)을 충족했는지 따져 봐야 한다. 뿐만 아니라 지역마다 청약 자격과 거주 요건 및 전매제한 기간도 천차만별이다. 당해 조건도 다르고, 당첨자 선정 방식도 다르다.

이처럼 청약도 전략이란 말이 괜히 나오는 게 아니다. 치열한 공부가 필요한 이유이다.

"무주택 기간이 길어야 1순위 당첨 기회가 높아지잖아. 그래서 절대로 집 사면 안 돼! 청약하려고 계속 올라가는 집값에도 참고 기다렸는데…. 그걸 포기하고 최근 많이 올라간 집을 사기에는 너무 억울해."

최근 집값이 급격히 올라 망연자실한 무주택자는 그동안의 설움을 한 방에 역전시키고자 로또 청약에 매달린다. 청약 당첨 가능성을 높이고자 무주택 자격을 유지하는 데 집착한다. 그 마음도 한편으론 이해가 된다. 하지만 내 집 마련을 미룰수록 집값은 감당하기 힘들 정도로 올라서 나중에 후회할 가능성이 크다.

청약에 당첨될 가능성이 희박한 무주택자가 옛날 집값을 회상하며 지금의 집값을 인정하지 못한 채 내 집 마련을 미룬다고 해보자. 무주택자의 바람대로 집값이 하락하면 내 집 마련을 미룬 것이 최선의 판단이겠지만 반대로 집값이 계속 오르면 최악의 판단이 된다. 역사적으로 집값은 내릴 확률보다 올라갈 확률이 훨씬 높기 때문에 내 집 마련을 미룰수록 후회를 넘어 절망에 빠질 가능성이 높다.

1978년에 분양한 강남 대치동 은마아파트는 당시 34평이 2천만 원이었다. 2021년 현재는 25억이다. 42년 만에 250배나 상승한 것이다. 1971년에 분양한 여의도 시범아파트는 47평을 571만 원에 분양했지만 2021년 현재는 26억이다. 47년만에 무려 454배나 올랐다.

자본주의에서 물가 상승은 필연적이다. 왜 그런지 자세히 들여다보자.

물가가 올라야만 경제가 성장한다. 물가가 내리면 계속 내릴 거란 생각에 소비를 미루기 때문이다. 소비를 안 하면 어떻게 될까? 나의 소비는 다른 사람의 소득이기 때문에 소비를 줄일수록 다른 사람의 소득도 함께 줄어드는 결과로 이어진다. 사람들은 소득이 줄면 자동차 및 휴대전화 등을 새것으로 바꾸기보다는 기존 것을 사용하며 소비를 미루게 된다. 그에 따라 기업의 매출이 줄어들게 되고 고용까지 줄면서 유능한 직원을 뽑기도 어렵게 된다. 그렇게 되면 구매력이 높은 상품을 만들기 어려워서 기업의 경쟁력도 악화된다. 나아가 개인과 기업의 소득이 줄어들면 국가의 세수도 줄어들게 되면서 국가 경쟁력도 악화된다. 그래서 물가는 과도할 정도가 아니라면 꾸준히 상승해야 경제도 성장하는 것이다.

1971년 미국의 닉슨 대통령이 달러를 금과 바꿔 주지 않는다고 선언한 이후에 국가는 돈을 마음껏 찍을 수 있게 됐다. 그에 따라 경기 침체가 온다 해도 정부는 돈을 찍는 방법으로 경기를 부양할 수 있게 됐다. 돈을 찍는 이유는 무엇일까? 경제를 살리기 위해 돈을 찍고, 돈의 가치가 떨어지면서 물가를 올리기 위한 것이다. 이러한 자본주의 특성상 내 집 마련은 하루라도 빨리 하는 것이 유리하다.

우리나라에서 서울에 거주하는 사람들 중 청약통장 가입자 수는 2020년 말 기준으로 607만 명이다. 최근 5년 동안 평균 서울 아파트 분양 물량을 약 3만 7천호라고 봤을 때 당첨 가능성을 따져 보면 0.6%이다. 청약통장 가입자 수는 계속 늘고 있고 분양 물량이 줄어드는 것을 감안하면 당첨 가능성은 앞으로도 요원해 보인다.

현재 청약을 통해서는 15년 이상 무주택 기간과 청약저축 가입 기간을 충족하고, 자녀가 두 명이 있다고 해도 당첨 가능성이 낮은 게 현실이다. 특별공급 조건도 만만치 않고, 공공분양은 최소 17년 이상 10만 원씩 꾸준히 납부해야 그나마 당첨권이다. 이처럼 청약 당첨은 쉽지 않다.

현재 본인의 가점이 높거나 특별공급 자격으로 청약에 당첨될 가능성이 있다면 적극적으로 도전하는 것이 좋지만, 가점도 낮고 당첨 가능성이 없는데도 불구하고 미련을 버리지 못한 채 청약에 매달리는 모습을 보면 안타깝다. 그런 점에서 나는 인플레이션 방어를 위해서 일찌감치 내 집 마련을 서둘러야 한다고 강조한다. 하지만 내 집 마련을 했다고 해서 청약통장을 해지해서는 안 된다. 1주택자나 다주택자일 경우 무주택 기간 산정 때문에 가점이 낮고, 특별공급 대상자도 아니어서 당첨 가능성이 낮더라도 얼마든지 청약에 당첨될 수 있다.

공공분양은 공고일 기준 3년 이상 무주택 조건자 중에서 청약통장 납입인정금액이 높은 사람에게 우선적으로 공급된다. 그렇다면 매달 월 납입인정금액인 10만 원씩 17년 동안 꾸준히 납부하면 당첨권인 2,000만 원을 저축할 수 있다. 그리고 2,000만 원의 저축액이 되기 3년 전에 모든 주택을 매각하고 무주택자가 되면 3년 뒤에는 누구나 공공분양에 당첨될 수 있다. 그렇기 때문에 지금 다주택자라고 해도 청약통장을 해지하는 건 바람직하지 않다.

숙주나물의 사이다 한 마디

청약에 당첨 가능성이 낮은 무주택 30~40대는 청약통장은 유지한 채 내 집 마련을 하루라도 빨리 하는 것이 좋다. 다시 한 번 강조하지만 자본주의 특성상 인플레이션은 떼려야 뗄 수 없는 관계여서 내 집 마련을 미룰수록 미래에 후회를 넘어 절망에 빠질 확률이 높기 때문이다.

전세 레버리지 투자의 함정

>>> 전세 레버리지 투자란 매매 가격에서 전세가를 뺀 금액만으로 집을 매수한 후 집값이 오르면 매도해 차익을 실현하는 방법이다. 흔히 말하는 갭투자이다. 전세 레버리지 투자는 매매 가격보다 전세가 상승률이 더 높아서 투자금이 적게 들 때 주로 사람들이 관심을 갖는다.

2014년에 수도권은 계속되는 매매가의 하락과, 전세가 상승이 만나 매매가와 전세가가 붙는 현상이 발생했다. 그때 눈치 빠른 투자자들은 전세 레버리지 투자를 통해 곧바로 찾아온 상승장에서 큰돈을 벌게 됐다. 큰돈을 벌게 된 경험을 바탕으로 책을 내고 강의를 하면서 유명해지자 그들을 따르는 사람들도 많아졌다. 계속되는 상승장에 힘입어 자본주의 시장에서는 물가 상승은 필연이고, 집값도 어차피 오른다고 맹신하며 갭만 적으면 투자하는 사람들도 많았다. 하지만 그 믿음은 얼마 안 가 깨지고 말았다.

2018년 전국에 사상 최고의 입주 물량이 쏟아지면서 전세가가 크게 떨어지는 역전세가 발생했기 때문이다. 특히 입주 물량이 많았던 경기 남부 동탄1신도시, 평택, 오산 지역에 무리하게 주택 수를 늘린 투자자일수록 하락하는 매매가와 전세가로 인해 재산상의 큰 손실을 보는 일이 많아졌다.

나 역시 그중 한 명으로 매매가와 전세가가 동시에 빠져서 큰 손실을 봤다. 2017년 인천에 한 아파트를 전세 레버리지를 이용해 투자했다. 그런데 2019년에 송도의 공급 과잉으로 인해 3,000만 원의 매가 하락과 역전세를 경험한 것이다. 역전세가 발생한 현장은 집주인인 나만 빼고 모두 행복해 보였다. 중개사는 중개해서 수수료를 벌고, 새 임차인은 저렴한 임대료로 계약할 수 있어서 좋고, 매도한 사람은 하락 직전에 팔아서 행복했을 것이다. 같은 시간, 같은 공간, 모두가 웃을 때 웃지 못하는 사람은 나 혼자뿐이었다.

전세 레버리지 투자의 실패 원인을 따져 보자.

어차피 집값은 장기적으로는 우상향하며 오른다는 믿음은 틀리지 않다. 하지만 경제학에서 부가 늘어나는 것은 선형적으로 증가하지 않고 상승과 하락을 반복하며 우상향한다는 사실을 간과한 것이 패착이있다. 매매가와 전세가 둘 다 떨어지긴 힘들 거라는 확증편향과 전세가율이 높으면 수요가 많다는 잘못된 맹신으로 주택 수를 늘린 나를 포함한 투자자들은 과잉 입주 물량에 매매가와 전세가가 일시적으로 하락하면서 무너져 버린 것이다. 단기간에 큰돈을 벌기 위해서 무리하게 투자했는데, 지나고 보니 단기 고점이었다면 시장이 조정받을 때는 그 순간에 파산할 수도 있다.

주택 수를 과도하게 늘리는 원인은 무엇일까?

주택이 많으면 금방 부자가 될 거란 환상에 빠지기 때문이다. 한 집당 전세를 갱신할 때마다 500만 원만 인상해도 10채면 5,000만 원의 전세 보증금을 인상할 수 있고, 만약에 주택을 더 모으면 보유세를 내더라도 금방 부자가 될 수 있다는 환상에 빠지는 것이다. 전세금이 오르면 차액만큼 반전세로 세팅할 수도 있다. 이러한 계산에 따라 주택 수를 늘리는 데 집착하게 된다.

게다가 매매가와 전세가 차이가 적으면 자기 자본이 많이 들지 않고, 전세가가 매매가보다 높으면 오히려 돈을 더 받는 투자(플피투자: 종잣돈이 오히려 플러스되는 것)가 된다. 이러한 투자는 투자금이 적거나 부족한 사람에게 주택을 사 모으는 데 부담이 없게 만든다. 그래서 주택 수가 쉽게 늘어나는 환경에 놓인다.

주택 수가 늘면 상승기에 한 채만 보유했을 때보다 훨씬 더 수익이 생기는 것은 분명한 사실이다. 성공하면 큰 이익을 거두기도 한다. 그러나 반대로 가격이 하락하면 한 채만 보유했을 때보다 손실도 훨씬 가중된다. 즉, 주택 수가 많아진다는 것은 위험성도 커진다는 것을 의미한다. 금방 부자가 될 거란 계산은 반대로 금방 망할 수도 있다는 점을 간과해서는 안 된다. 같은 돈이라면 입지가 좋지 않은 2채보단 입지가 좋은 1채가 낫다. 세금 문제를 차치하더라도 부동산은 다른 투자보다 환금성(자산을 현금으로 전환할 수 있는 정도)이 안 좋기 때문이다.

숙주나물의 사이다 한 마디

투자의 확신은 위험하다. 집값은 언제나 우상향한다는 확증편향으로 무리하게 투자하면 단 한 번의 변수에 속수무책으로 무너질 수 있다. 언제나 투자하기에 앞서 의심하는 자세를 가져야 한다. 의심은 검증하게 되고, 검증은 공부해야 하고, 공부는 나의 재산을 지켜 주기 때문이다. 그리고 가격을 결정짓는 요소 중 공급의 중요성을 깨달아야 한다. 이를 간과하면 시장은 철저하게 응징한다는 것을 잊지 말자.

경매 투자의 함정

>>>　　　　경매 투자는 법원에서 원하는 물건을 사람들이 적정한 가격을 적어 내 가장 높은 금액을 적은 사람이 해당 물건을 살 수 있는 것을 말한다. 경매는 당장 시세보다 싸게 살 수 있으므로 오늘 낙찰받고 내일 팔아도 수익이 나므로 단기 투자에 매우 유리하다.

　나는 투자도 미래에 수익을 내는 '장기 투자'와 당장 수익을 내는 '단기 투자' 두 종류로 분류한다. 장기 투자는 당장은 시세에 맞는 가격으로 샀더라도 미래에 오를 것을 기대하는 것을 말하고, 단기 투자는 미래에 많이 오르는 것도 중요하지만 현재 가치보다 싸게 사고 당장 팔아서 수익을 내는 데 중점을 두는 것을 의미한다. 한 마디로 미래에 수익을 낼 것인가, 당장 수익을 낼 것인가의 차이다.

장기 투자는 경제 성장과 유동성 여부 등 수요가 풍부한지 부족한지를 먼저 따져 보고 판단해야 한다. 만약에 경제가 불황이면 돈을 벌기 힘든 환경이라서 통장에 돈이 부족한 상황이기 때문에 모두가 주택 구매를 미룰 확률이 높다. 따라서 주택을 처분해야 하는 상황에 놓이거나, 주택 구매를 미룰 확률도 높으므로 하락할 가능성이 커서 부동산 투자를 하지 않는 것이 유리하다. 반대로 경제가 활황이면 돈을 벌기 좋은 환경이라서 통장의 돈이 풍부한 상황이기 때문에 모두가 주택 구매를 서둘러 주택 가격이 상승할 확률도 높다. 하지만 코로나 시대를 맞이해 실물 경기가 추락하자 정부가 금리를 낮추고 재정정책을 펼쳐 현재는 경기가 좋지 않아도 유동성이 풍부한 상황이다.

즉, 앞으로 경제가 좋아지거나 유동성이 지속해서 풍부할 것으로 판단되면 투자하는 쪽으로 결정하는 것이 현명하다. 투자를 결심했다면 이제 투자할 곳을 찾아야 하는데 그때는 지역끼리 가격을 비교 분석해야 한다. 이를 통해 저평가된 지역을 찾으면 이제는 물건끼리 가격 비교를 해야 한다. 저평가된 물건을 찾으면 앞으로 제대로 평가받을 날을 기대하며 투자하는 것이 바로 장기 투자이다. 이때 매매가격지수, 인구수, 소득, 입주 물량, 미분양 물량, 전세가율, 심리지수 등 각종 보조지표를 활용해 투자의 성공 확률을 높여야 한다. 이처럼 장기 투자는 탑다운 방식으로 경제 상태부터 확인 후 물건을 골라서 투자를 결정한다. 이런 방식으로 투자를 결정하다 보면 경기 순환 주기를 자연스럽게 알게 되면서 대세 상승 직전에 진입할 가능성이 높다.

단기 투자는 현재 가치보다 싸게 사서 당장 수익을 내는 급매도 있지만, 급매는 흔하게 찾아오지 않기 때문에 낙찰만 받으면 수익실현이 가능한 경매가 더 적합하다.

경매는 매각 물건을 하나하나 확인해야 한다. 왜냐하면 물건마다 권리 분석을 해 보며 낙찰받을 수 있을지 판단해야 하기 때문이다. 경매 유료 사이트(스피드 옥션, 탱크 옥션, 굿옥션 등)나 법원 사이트 또는 호갱노노 같은 앱을 통해 물건을 검색하고, 본인 역량으로 낙찰받을 수 있는 물건을 발견하면 해당 물건지에 찾아가서 점유자를 내보내는 '명도'의 난이도를 확인한다. 그리고 예상 낙찰가를 산정해 입찰기일에 법정을 찾아 입찰에 참여하는 것이 바로 경매이다. 이처럼 경매는 경제에서 지역, 지역에서 물건을 분석하는 탑다운 방식과 반대로 물건부터 확인하는 바텀업 방식으로 투자를 결정해야 한다.

장기 투자 (탑다운 방식)

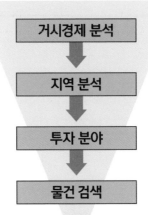

단기 투자 (바텀업 방식)

경매 투자의 바텀업 방식은 물건 검색을 하는 데 많은 시간을 들일 수밖에 없다. 그래서 거시경제와 경기 순환 주기, 즉 흐름과 사이클을 보는 안목을 기르는 훈련을 소홀히 하는 경우가 있다. 시세보다 저렴하게 사는 데에는 성공할 수 있지만, 큰 흐름을 파악하지 못해 곧바로 대세 하락을 맞이한다면 싸게 샀더라도 산 금액보다 더욱 떨어져서 큰 손실을 볼 수도 있다.

상승장에서는 경매보단 일반 매매로 빨리 사는 게 더 낫다. 언제 낙찰될지 모르는 경매에 매달려서 상승장을 놓칠 수 있기 때문이다. 경매는 상승장보다는 하락장에서 더 유리한 투자법이다. 바닥을 모를 하락장에서 싸게 낙찰받으면 안전 마진을 확보할 수 있으며 심리가 죽은 상태이므로 가치보다 훨씬 싸게 낙찰받을 가능성도 크다. 되팔 때도 안전 마진을 크게 확보했으므로 단기 투자로 수익을 내는 데 매우 유리하다. 또한 경매는 일반 매매보다 대출 한도가 높다는 장점을 활용해 대출을 받고 월세로 운용하며 하락장을 버틸 수 있다. 한 마디로 경매는 하락장에서 대부분 수익을 내지 못할 때 수익을 낼 수 있는 막강한 도구라고 할 수 있다. 또한 경매는 낙찰을 받으면 자금출처계획서 제출 의무가 없으며, 토지거래허가구역에도 투자할 수 있다는 장점이 있다.

하지만 부동산 투자로 부를 이루려면 안전 마진 확보와 단기 투

자만으로는 힘들다. 왜냐하면 경기 순환 주기에 따라 대세 상승
장은 하루 이틀만 오르는 게 아니라 몇 해를 거쳐서, 우리가 상상
하는 이상 오르기 때문이다. 만약에 시장의 흐름을 보지 못한 채
단기 투자를 통해 오늘 사서 내일 팔았는데, 해당 지역의 경기 순
환 주기가 이제 막 대세 상승을 시작했다면 큰 수익을 낼 기회를
스스로 읽지 못해서 놓치게 되는 것이다.

숙주나물의 *사이다 한 마디*

숲보다 나무에 집중한 바텀업 방식으로 싸게 사서 안전 마진
을 확보하는 방법도 좋지만, 그보다 거시경제를 분석하는 힘
을 길러서 전체를 볼 줄 아는 안목을 길러야 한다. 그것이 몇
년에 걸쳐 상승하는 대세 상승장을 맞이할 확률을 높이는 투
자 방법이다. 경매를 알면 큰 무기를 갖고 있는 것은 분명하다.
하지만 경매만이 유일한 정답이라고 생각해서는 안 된다. 부
동산 투자를 하는 데 있어 수많은 방법 중에 하나일 뿐이다. 큰
돈을 버는 투자 중 가장 확실하고 쉬운 방법은 대세 상승의 파
도를 타는 것임을 명심하자.

분양권 투자의 함정

>>>　　　분양권은 주택 청약에 당첨되고 준공하기까지 아파트에 입주할 수 있는 권리를 사고파는 것을 말한다. 즉, 분양권 투자는 입주할 수 있는 권리여서 준공 전까지는 취득세와 보유세가 없다는 장점이 있다. 또한 중도금대출을 받는다면 계약금과 프리미엄만 있으면 비교적 투자금이 적게 들고, 임차인을 구해야 하는 번거로움도 없다. 이처럼 투자의 진입 장벽이 낮고 수익을 내는 데도 수월하다는 점에서 많은 사람들이 선호한다.

이러한 이유로 분양권 투자는 태생적으로 투자 수요가 생기기 쉽다. 입지가 좋지 않아 미분양된 분양권도 새 아파트가 될 상품이라는 이유만으로 투자 유혹에 빠지기 쉽다. 하지만 주의해야 할 점은 입지가 좋지 않은 곳의 분양권은 오르지 않을 확률이 높고, 기약 없이 상승을 기다려야 하는 상황이 올 수 있다는 점이다. 또 분양권은 투자 과열 양상이 자주 발생해 정부의 규제 대상에도 자주 거론된다.

입주하기 전에 분양권을 프리미엄 받고 팔았다면 별문제 없다. 또 팔지 않아도 입지가 좋은 분양권은 실수요가 많기 때문에 가격이 상승할 가능성이 매우 높고, 전세 가격이 하락할 가능성은 낮기 때문에 큰 문제는 발생하지 않는다. 하지만 입지가 안 좋은 분양권에 투자했을 때 문제가 발생한다. 분양권 규제가 강화되면 입지가 안 좋은 분양권은 투자 수요의 급격한 이탈로 인해 매매 가격은 하락한다. 실수요도 적어서 하락의 폭은 커진다. 그리고 전세 가격도 하락한다. 전세 가격이 하락하는 이유는 입주할 때 잔금을 해결하기 위해 투자자들이 경쟁적으로 임대를 내놓기 때문이다. 따라서 임대 가격은 큰 폭의 조정이 찾아오기 마련이므로 임대료를 낮춰야 하고, 생각지 못한 투자금이 더 들게 된다. 더군다나 엎친 데 덮친 격으로 투자한 분양권의 입주 시기와 다른 아파트들의 입주 물량까지 몰린다면 과잉 공급으로 인해 분양권 가격은 마이너스 프리미엄이 속출하게 된다. 진입 장벽이 낮은 탓에 무턱대고 입지가 좋지 않은 곳의 분양권을 투자하면 낭패를 보는 것이다.

또한 2021년부터는 분양권도 주택 수에 포함되기 때문에 다른 주택을 매도할 시 양도세 비과세 혜택을 못 받거나 양도세 중과를 맞을 수 있다는 점도 주의해야 한다.

분양권은 다운 계약을 요구하는 경우도 잦다. 다운 계약이란 부동산 거래 시 매도자가 양도소득세를 줄이기 위해 실제 거래 가격보다 낮은 가격을 계약서에 적는 것을 말한다. 다운 계약이 적발되면 매도인, 매수인, 중개인 모두 취득가액의 5%에 달하는 과태료가 부과된다. 그뿐 아니라 탈세한 양도세도 전액 납부해야 한다. 또 탈세액의 40%인 신고 불성실 가산세와 미납했던 일수에 대한 연리 10.95%의 납부 불성실 가산세도 납부해야 한다. 매수자는 양도 시에 비과세 감면 규정도 적용받을 수 없게 된다.

다운 계약서를 작성하면 매도자 입장에서는 양도 차익이 줄어들어 양도세 부담이 낮아지지만 이는 엄연히 불법이다. 그런데도 분양권 다운 계약이 많은 이유는 양도세율이 주택보다 강화됐기 때문이다. 그래서 양도세를 줄이기 위해 다운 계약 유혹에 빠지기 쉽다.

매도자는 양도세가 아까워서 다운 계약을 요구하고 매수자에게 프리미엄을 깎아 준다고 제안하면 매수자 입장에서는 그 제안을 뿌리치기 힘들다. 서로의 요구가 맞아서 다운 계약서를 작성하게 되지만 절대로 해서는 안 되는 불법임을 명심하자.

매도자가 다운 계약을 요구하면 어떻게 해야 할까?

매수자는 매도자 양도세의 일부만큼 프리미엄을 조금 더 주는 쪽으로 협상해서 다운 계약을 안 하는 것이 바람직하다. 불법이 적발되지 않더라도 세금이 많이 나오기 때문이다. 다운 계약서를 쓰면 매수자는 가격이 오르지 않은 상태에서 팔아도 양도세를 내야 한다. 예를 들면 실제로 매입한 금액은 3억인데, 2억 5,000만 원으로 다운 계약서를 썼다면 이후 매입한 금액 그대로 3억에 팔게 되면 어떻게 될까? 다운 계약서보다 5,000만 원 상승한 상태로 매도한 게 되니, 5,000만 원 가상 차익에 대한 양도세를 납부해야 한다. 2021년 6월 이후에는 분양권 단기 양도세율이 1년 미만에 팔면 77%, 1년이 지나 입주하기 전까지는 66% 양도세가 적용된다. 즉, 다운 계약한 5,000만 원에 대한 가상 차익의 양도세 77%면 3,850만 원, 66%면 3,300만 원을 납부해야 한다. 수익이 나지 않았음에도 양도세를 내야 하는 셈이다. 따라서 시세보다 1~2,000만 원 싸다고 계약했는데 5,000만 원 다운 계약을 한다면 결국 손해를 보는 것이다.

빨리 거래하고 싶은 중개인과 매도자의 요구에 다운 계약을 절대 하지 말아야 하며, 매도자와 중개인도 이해할 수 있는 수준의 제안을 해서 협상을 이끌어야 한다. 애초부터 조금 깎아 준다는 유혹에 흔들려 불법을 저질러서는 안 된다.

다짐

나는 부자가 되고 싶다.
나는 부자가 될 것이다.
나는 부자가 되기 위해 투자를 한다.
나는 부자가 되기 위해 투자를 꾸준히 할 것이다.
나는 부자가 되기 위해 투자를 잘할 것이다.
투자는 나의 운명이다.

– 숙주나물 –

네 믿음은 네 생각이 된다.
네 생각은 네 말이 된다.
네 말은 네 행동이 된다.
네 행동은 네 습관이 된다.
네 습관은 네 가치가 된다.
네 가치는 네 운명이 된다.

– 마하트마 간디 –

입주권 투자의 함정

>>> 입주권은 재개발 및 재건축 조합원이 새 아파트에 입주할 수 있는 권리를 말한다. 쉽게 말해서 헌 집을 주고 새집을 받는 것이다. 토지 등 주택 소유자의 반 이상이 동의하면 추진위가 결성되고, 75%가 동의하면 조합이 설립된다. 조합이 설립된다는 건 재개발, 재건축을 하고 싶은 사람이 압도적으로 많다는 것을 의미한다. 따라서 최소한 조합설립인가 된 사업장을 투자하는 게 비교적 안전하다.

입지가 매우 좋고 사업성까지 확보된 우수한 재건축 후보 아파트는 직접 거주해서 언젠가 될지 모르는 재건축을 기다리는 것도 방법이지만, 입지와 사업성이 좋지 않은 아파트를 낡았다는 이유만으로 초기에 투자하는 것은 위험하다. 재건축 초과이익 환수제 때문이다. 재건축 초과이익 환수제란 재건축으로 조합원이 얻은 이익이 인근 집값 상승분과 비용 등을 빼고 1인당 평균 3,000만 원을 넘을 경우 초과 금액의 최고 50%를 부담금으로 환수하는 제도이다. 쉽게 말하면 입주할 때 아파트 가격이 상승하면 팔지 않아도 세금을 내야 한다.

또한 투기과열지구가 되면 재건축은 재당첨 금지로 5년 동안 청약 신청이 불가능하고, 조합설립인가 이후로는 조합원 지위 양도가 금지된다. 예외적으로 10년 보유하고 5년 거주했을 경우 등의 팔 수 있는 항목이 있긴 하지만 웬만해서는 사고팔기 어렵다.

특히 구도심 구축 빌라는 재개발이 될 거란 희망에 관심을 갖는 경우가 많은데, 일반적으로 상승장이 오랫동안 지속됐을 때 그렇다. 이미 기존 아파트들이 많이 상승한 상태에서 그나마 적은 투자금으로 재개발이 되면 크게 오를 거라는 희망에 저렴한 원도심 구축 빌라를 관심 갖게 된다. 직설적으로 얘기하자면 웬만한 건 다 올라서 투자할 대상을 찾기 힘들어 관심을 갖게 되는 경우이다. 게다가 이때는 신축 빌라를 분양할 때도 재개발 이슈를 내세워 영업하며 시세보다 비싸게 분양한다. 문제는 조합설립인가는 커녕 구역도 지정되기 전에 오래됐다는 이유만으로 투자하는 데 있다. 구역 지정이 안 된다면 오래된 주택은 수리 비용만 지속해서 투입되는 애물단지가 되기 십상이다.

주의해야 할 것은 투기과열지구로 지정되면 2018년 1월 24일 이전에 사업시행인가 된 재개발 사업장은 조합원 지위 양도가 자유롭지만, 그렇지 않은 사업장은 관리처분인가 이후 조합원 지위 양도가 금지된다. 재당첨 금지로 5년 동안 청약도 불가능하다. 한마디로 조합원 지위 양도 금지가 되면 팔지도 못하고 새 아파트 분양을 5년 동안 받지 못한다. 그나마 재개발 규제가 재건축보다는 훨씬 완화돼 있지만 세심한 주의가 필요하다.

구역 지정이 되고 추진위가 결성된 후에 투자를 결정했다고 하더라도 위험할 수 있다. 조합설립에 따른 동의율이 충족되지 않으면 사업은 무산돼서 재개발에 대한 기대감으로 비싸게 주고 산 낡은 주택은 한 마디로 고점에 투자한 셈이 되기 때문이다. 게다가 사업성 분석도 없이 투자하면 오히려 주변 신축보다 비싸게 사는 경우도 흔하다. 그래서 이러한 리스크를 최소화하려면 사업시행인가를 득하고, 종전주택 감정평가와 조합원 분양가가 확정될 때 진입하는 것이 좋다. 이때는 매입 가격을 비교적 정확하게 알 수 있기 때문이다.

안전하다고 평가받는 종전주택 감정평가를 하고 난 이후에 투자를 결정했을 때에도 주의해야 할 점이 있다. 단지 다른 구역보다 '프리미엄'이 낮다는 이유만으로 투자를 결정하는 오류를 범하는 경우가 많기 때문이다. '프리미엄'만 중요한 게 아니라 '조합원분양가'도 중요하다. '조합원분양가'와 '프리미엄'을 더한 가격이 실제로 매입하는 아파트 가격이다. 실제로 매입하는 가격을 주변 신축 시세와 비교해 충분히 저평가됐다고 판단되면 그때 투자를 고려해야 한다.

【 재개발, 재건축 진행 절차 】

소액 수익형 투자의
함정

>>> 　누구나 건물주가 되어 매달 월세를 받으며 경제적 자유를 이루는 희망을 꿈꿔 본 적이 있을 것이다. 건물주가 되기엔 자금이 턱없이 부족한 대다수는 월세를 받기 위해서 1억 이하의 지방 아파트나 빌라 등 '소액 수익형 투자'에 눈을 돌린다.

　1억 원 주택의 경우 보증금 2,000만 원에 월세가 50만 원 정도일 때의 투자금을 계산해 보자. 60% 주택담보대출을 받고, 2,000만 원의 보증금 레버리지를 활용하면 투자금은 2,000만 원이다. 담보대출의 이자가 3%일 때, 월 이자는 15만 원이다. 그렇다면 이자를 공제해서 받은 월세 순수익은 35만 원이다.

매매 : 1억 원

대출 : 6,000만 원(월 이자 15만 원)

임대 : 보증금 2,000만 원, 월세 50만 원

투자금 : 매매(1억-6,000) - 임대보증금(2,000) = 2,000만 원

월 순수익 : 월세(50) - 월 이자(15) = 35만 원

수익률 : 21%

2,000만 원으로 투자해 월 순수익이 35만 원이면 수익률은 자그마치 21%다. 저금리 시대에 입이 떡하니 벌어질 만하다. 이렇게 2,000만 원씩 5채를 투자하면 총 1억 원으로 무려 175만 원을 매달 받을 수 있다. 신용대출 등 레버리지를 활용하면 더욱 높은 수익률을 기록할 수도 있다. 놀라운 건 이러한 수익률을 자랑하는 주택이 전국에 매우 많다는 점이다. 그러나 소액으로 투자한 수익형 투자는 월세로 삶의 보탬은 될 수 있지만 나중에 팔 때 시세차익을 기대하기는 힘들기 때문에 부자가 되기는 힘들다. 그리고 정신적인 스트레스가 동반되며 시세가 하락하거나 공실이 길어지면 최악의 선택이 될 수도 있다.

자금 여력이 적은 투자자일수록 월세를 받기 위해서는 값싸고 입지가 안 좋은 C급 주택을 고를 수밖에 없다. 매매하고 싶은 사람은 적고 잠깐 임대로 살려고 하는 사람이 많아서 월세 수익률

이 높기 때문이다. 즉, 적은 투자금으로 높은 수익률의 주택을 사려면 입지가 안 좋고 낡고 낡은 C급 주택을 사야만 한다. 당연히 이런 주택은 시세 상승의 확률도 낮다.

C급 주택은 수요가 부족하므로 입주 물량이 초과 공급되면 임대 및 매매 가격이 A급 주택과는 확연히 비교될 정도로 빠지는 취약한 모습을 보인다. 최악의 경우 상장 폐지와 다를 바 없는 빈집이 될 수도 있다. 그뿐만 아니라 보일러 고장, 결로, 누수 등 수리비가 지속해서 투입된다. 이러한 고정비용도 간과해서는 안 되는 문제이다. 중개수수료도 새로운 임차인과 계약할 때마다 지급해야 하며, 대출을 새로 받으면 중도상환수수료가 발생하고, 집값이 하락한다면 대출을 일부 상환해야 할 수도 있다. 앞으로 벌고 뒤로 다 새는 격이다.

낡은 집에 사는 임차인은 넉넉지 않은 형편에 월세도 밀릴 확률이 높다. 매년 임대소득세와 재산세, 종부세 등 보유세도 내야 하며, 주택 수가 많으면 종부세 세율이 올라가는 것도 감당해야 한다.

수익률이 높은 소액 수익형 투자의 특징은 한두 채만으로는 만족할 만한 월세 수익이 나오지 않기 때문에 채수를 늘려야만 원하는 효과를 볼 수 있다. 그런데 주택 수가 많으면 불편을 호소하는 임차인의 전화도 자주 받게 된다. 그만큼 신경 써야 할 일도 많아진다.

여기서 나의 경험이 적절한 예가 될 것이다. 2015년 투자를 시작할 때 C급 아파트 6채를 샀고, 그해 겨울이 되자 보일러가 전부 고장 났다며 임차인들의 전화를 하루가 멀다 하고 받아야 했다. 월급은 고스란히 수리비로 들어갔다. 집값은 자꾸 떨어지는데 돈을 버는 건지 버리는 건지 도통 알 수 없는 상황이 됐고, 아내는 투자를 하고 불행해졌다며 손해를 보더라도 다 정리하기를 바랐다. 나는 투자한 금액이 큰 것도 있지만, 지금까지 고생한 것이 아까워 아내의 말에 반대했다. 그러니 아내와의 갈등은 더욱 커져만 갔다.

직장 생활에도 차질이 생겼다. 업무 중에 수리비를 요청하는 임차인들의 전화를 받는 일이 잦아지고, 하락하는 아파트에 대한 걱정이 많아지자 일에 집중할 수가 없었다. 투자도 실패하고, 본업도 실패하고 가정은 불화가 생기게 된 것이다. 그 스트레스는 말로 다 설명할 수도 없고, 경험해 보지 않은 사람은 그 심정을 알기 힘들다.

담보대출 만기가 됐을 때는 집값 하락에 따른 담보 가치 하락으로 대출금 일부를 상환해야 했다. 무려 수천 만 원에 달하는 금액이었다. 그것도 5채나 됐기 때문에 상환해야 할 금액은 감당하기 힘들 정도였다. 그래서 은행 직원에게 상환을 유예하거나 상환 금액을 깎아달라고 사정해야 했다. 하우스푸어나 다름없었고, 파산하기 직전이었다. 아내 말대로 다 포기하고 울고 싶은 심정이었다. 지방 아파트를 투자한 이유는 소소하게 월세를 받으며 아파트 한 채당 월 10만 원씩 수익을 남기려는 목표였다. 애초부터 하이 리스크 하이 리턴을 바란 게 아니었다. 하지만 고작 월 10만 원을 받기 위한 결과는 너무나 가혹했고 참혹했다.

이처럼 수익률만 보고 열정만 앞서면 안 된다. 월세를 많이 받기 위해 이런 주택을 사들이다 보면 자신도 모르게 팔리지 않고 하락만 하는 주택을 모으는 '쓰레기 수집가'가 될 수 있다.

수익률은 레버리지에 따라 얼마든지 변동되는 만큼 사실상 큰 의미는 없다. 레버리지도 결국은 빚이며 매도할 때 전부 반납해야 한다. 감당하지 못하면 부메랑이 되어 돌아오는 것이다. 무엇보다 노력 대비 수익이 매우 적으며, 낡은 주택이라 수리 문제도 발생하는 변수도 있으며, 금리 인상, 대출 연장 문제 등 대응할 수 없는 위험성도 존재한다.

물론 저렴한 주택으로 충분히 수익을 내는 투자자들도 분명 있다. 레버리지를 활용해야 부의 추월 차선을 타는 것도 맞는 말이다. 하지만 이렇게까지 강하게 소액 투자의 위험성을 말하는 이유는 적은 투자금으로 월세를 많이 받을 수 있다는 막연한 희망만 안고 열정부터 앞서지 말라는 말을 하고 싶어서이다. 무지한 열정은 무리하게 되고, 뒤늦게 문제점을 인식했을 때는 큰 대가를 치러야 한다. 내가 바로 생생하게 경험하지 않았는가. 어떤 투자든 명과 암이 있다. 투자하기 전에 위험성부터 알고 투자하자는 취지이다.

수익형 투자를 하고 싶다면 레버리지에 따라 변동하는 수익률을 보는 것보단, 대출과 보증금의 레버리지를 감안하지 않은 수익률이 더 중요하다. 그리고 수익률을 높이기 위해서 C급 부동산에 관심을 갖기 마련인데 그럴수록 '투자 시기'가 매우 중요하다. 당장의 수익률만 보다 보면 투자 적기를 간과하게 된다. 입지와 상품이 빠지는 주택일수록 대체재만 있으면 언제든지 수요가 빠지는 일이 많아서 가격 변동이 크기 때문이다. 즉, 주택 공급량을 꼭 확인해야 한다.

당장 월세를 받고 싶은 유혹에서 벗어나 투자의 방향성을 진지하게 고민해 보자. 시세 차익으로 자산을 늘리고 싶은지 아니면 경제적 자유를 얻고 싶은 것인지에 따라 투자의 방향성이 갈리기 때문이다. 부자가 되고 싶다면 수익형 투자보다는 시세 차익형 투자가 유리하다. 하지만 시세 차익형 투자는 고정소득이 있는 게 아니어서 월급 같은 꾸준한 소득이 뒷받침돼야 한다. 차익 실현을 하기 전까지는 소득이 생기지 않기 때문이다. 경제적 자유를 얻고 싶다면 차익형 투자보다는 수익형 투자가 유리하다. 월세를 넉넉하게 받는다면 당장 노동에서 벗어날 수 있기 때문이다. 하지만 차익형 투자자보다 부를 쌓는 속도가 훨씬 뒤처질 수밖에 없다. 그래서 차익형 투자인 아파트 투자와, 수익형 투자인 상가를 동시에 하는 하이브리드형 투자자도 있다.

투자의 정답은 없다. 하지만 본인이 진정 어떤 것을 원하는지 내면의 목소리를 진지하게 들어봐야 한다. 그래야 투자의 방향성이 정해진다.

나는 50대가 되기 전에는 시세 차익형 투자부터 하기를 권한다. 50대가 되기 전에는 부를 쌓는 시기다. 부를 충분히 쌓은 후 월세를 받는 수익형 투자를 추천한다.

월세를 받기 전까지 이렇게 해 보자.

첫째, 근로소득을 통해 저축에 힘써 1억의 종잣돈을 모으자.

둘째, 1억 원으로 차익형 투자를 시작한다. 그리고 차익형 투자를 통해 부를 쌓아 간다.

셋째, 차익형 투자로 모은 종잣돈으로 땅을 온전히 보유한 다가구, 상가주택, 꼬마빌딩, 대형빌딩 등을 금액에 맞게 매입해 월세를 받는다.

차익형 투자를 통해 얻은 수익으로 지분율 100%를 보유한 수익형 투자 물건을 사는 것이 곧 투자의 자랑이며 마침표라고 할 수 있다. 이런 부동산의 특징은 땅값이 오르면 시세 차익도 가능하다.

60세가 넘으면 현재의 이익을 포기하고 미래로 미룬 차익형 투자보다는 당장 수익을 내는 수익형 투자의 비중을 늘리기를 추천한다. 축적한 자본의 양이 부족하다면 오피스텔 및 구분 상가도 대안이 될 수 있다.

숙주나물의 사이다 한 마디

먼저 근로소득과 시세 차익형 투자 소득으로 종잣돈부터 모으는 것을 추천한다. 부자가 되고 싶다면 한 살이라도 젊었을 때 열심히 시세 차익으로 부를 쌓자. 시세 차익형 투자로 먼저 부를 이루고 은퇴 이후 편안한 노후를 바랄 때 그동안 모은 돈으로 월세를 받는 수익형 투자를 하자.

폭락론의 함정

>>> 폭락론자들은 지금까지 집을 사지 못한 걸 후회하며 괴로워하는 사람들에게 투기꾼들이 집을 많이 사는 바람에 집값이 폭등했다고 말한다.

점차 무주택자들은 희망과 위로를 주는 폭락론자에게 의지하며 그들이 주장하는 유튜브 영상의 조회수는 폭발한다. 그에 따라 광고 수익도 다른 부동산 유튜버보다 압도적으로 많다. 상승장을 놓친 수많은 무주택자에게 투기꾼을 탓하며 달콤한 말로 돈을 벌고 있는 셈이다.

한결같이 같은 주장을 하는 폭락론자들을 한 번쯤은 의심해 보는 게 정상이지만 다수는 의심하지 않는다. 스스로 원인을 분석하기보다 폭락론자가 말하는 것을 곧이곧대로 믿어버린다. 그 이유는 무엇일까? 상처 받은 마음에 위안이 필요한데 그것을 채워주기 때문이다. 또한 자신을 희생자로 만들기도 좋다. 자신은 희생자이기 때문에 상승장을 놓쳐서 생긴 아쉬움과 책임도 회피할수 있는 것이다. 게다가 폭락해서 싸게 살 수 있다는 희망도 주니폭락론을 벗어나기란 쉽지 않다.

하지만 폭락론자의 달콤한 위안은 절대로 문제를 해결해 주지않는다. 문제를 적극적으로 해결하려면 남 탓을 하기보다 자신을깊이 되돌아보는 성찰을 해야 한다. 성찰은 다시는 잘못하지 않을 거라는 다짐을 하게 하고, 다짐은 실행할 수 있는 원동력이 되고, 원동력은 꾸준히 하는 노력의 근원이 된다. 이러한 성찰을 하지 못하는 대다수는 듣고 싶은 말을 해 주는 사람에게 환호하며의지하게 될 뿐이다. 폭락론자들은 당신의 잘못이 아닌 투기꾼탓이라며 위로해 주기 때문에 투기꾼들에게 분노하는 공감대도형성돼 결속력도 강하다. 더욱 더 빠져나오기 쉽지 않은 이유이다.

폭락론자들이 주장하는 '부동산이 폭락할 수밖에 없는 이유'를살펴보자.

저성장, 가계부채 증가, 인구 감소, 금리 인상을 거론하며 곧 경제 위기가 찾아올 것이며, 그에 따라 부동산은 폭락할 거라고 주장한다. 정리하면 이렇다.

1. 저성장은 곧 돈을 벌기 힘들어지는 상황이다.
2. 돈을 벌지 못하기 때문에 부동산 담보대출 이자를 감당하기 어려워 진다.
3. 가계부채의 증가는 대출을 받은 사람들이 많다는 것을 의미하며 이들이 이자 부담으로 동시에 경쟁적으로 부동산을 내놓는다. 그런데 인구까지 감소해서 하락은 폭락으로 이어진다.
4. 부동산이 폭락하면 은행은 담보 가치 하락으로 대출 원금을 상환하라고 압박한다.
5. 돈이 부족한 수많은 사람이 경쟁적으로 돈을 빌리면서 금리 인상이 시작된다.
6. 그동안 팔지 않고 버티던 사람 중 담보대출을 받고 집을 산 사람들은 이자 부담으로 집을 팔기 시작하면서 부동산은 더욱 폭락한다.

이런 레퍼토리이다. 저성장인 것은 맞다. 그리고 분명 가계 부채도 증가하고 있다. 하지만 반대로 저상장이라서 정부가 적극적으로 부양 정책을 쓰는 게 아니겠는가. 인구가 감소하는 것도 맞다. 하지만 인구가 감소하는 것보다 주택의 멸실 속도가 더 빠르다. 게다가 금리의 향방은 그 누구도 알 수 없다. 그걸 맞출 수 있다면 금리와 연계된 파생 금융 상품을 투자하거나 채권에 투자하면 큰 부자가 될 수 있다. 하지만 그렇게 하지 않는다. 왜냐하면 그 누구도 미래를 모르기 때문이다.

지금같이 글로벌 저성장 시대를 맞이해 저금리는 뉴노멀인 시대가 됐다. 미래를 알 수는 없지만 금리 상승은 요원해 보이는 것이 많은 전문가들의 설명이다. 저금리의 기대로 소비와 창업을 많이 해서 경기가 살아나길 바라지만 고령화에 따른 안전 자산 선호 심리가 강해져 자산 인플레이션만 생기는 것이 지금의 모습이다.

폭락론자의 말대로 예측할 수 없는 위기에 따른 최악의 상황도 올 수 있다. 그럼에도 폭락론자의 논리에 적극적으로 반론하는 이유는 무작정 맹신하지 말고 냉정한 판단을 스스로 해 보자는 것이다.

부동산 가격은 폭락도 하지만 돈을 계속해서 찍어 내는 화폐의 특성상 돈의 가치는 낮아지므로 결국 부동산은 우상향할 수밖에 없는 구조다. 그래서 무작정 하염없이 폭락만을 주장하는 논리는 매우 빈약해 보인다. 물론 언젠가는 생각지도 못한 변수로 인해 부동산도 폭락할 수 있다. 하지만 그것이 언제냐는 것이다. 부동산 통계가 시작된 1986년부터 부동산이 하락했던 시기는 딱 3번 있었다. 1991년 1기 신도시 200만호 공급, 1997년 IMF, 2008년 국제금융위기 때다. 그 외에는 계속 상승했다. 공급 폭탄이 있거나 국가 부도가 있지 않는 한 앞으로도 하락의 가능성보다 상승의 가능성이 훨씬 크다는 의미이다.

국내 주요 재화·서비스 가격 변화

	1980년		2019년
국민 1인당 GDP	1,714달러	18.5배	3만 1,754달러
사병 월급 (육군 병장 기준)	3,900원	139배	54만 1천원
강남 은마아파트 (3.3㎡ 기준)	(전세) 16만원	102배	1,629만원
	(매매) 77만원	84배	6,469만원
담뱃값 (1갑 기준)	300원	15배	4,500원
*최저임금 (시급)	690원	12.4배	8,590원
*공무원 월급 (7급 초봉 기준)	23만 9천원	7.9배	188만원
닭고기 (1kg 환산 기준)	1,400원	3.3배	4,656원
쌀값 (4kg 환산 기준)	3천원	3.2배	9,500원

자료/하나금융경영연구소　*1990~2020년 비교　◎연합뉴스
김지영 인턴 / 20200329 트위터 @yonhap_graphics 페이스북 tuney.kr/LeYN1

출처: 연합뉴스, 검색일: 2020.03.29.

　위의 신문기사를 보자. 자본주의에서 돈의 가치는 낮아지고 물가는 상승한다. 그럼에도 일부 폭락론자들은 과거의 위기가 앞으로도 온다며 공포와 희망을 조장해 트래픽을 발생시켜서 돈을 벌려는 목적이 강하다.

부자가 되고 싶다면 하루라도 빨리 폭락론을 벗어 던져야 한다. 돈을 버는 사람은 두려워서 아무것도 안하는 부정론자가 아니라 오늘보다 나은 내일을 꿈꾸며 행동하는 낙관론자이다.

부동산 제대로
이해하고 투자하자

집값은 항상 비쌌다

>>> 　　　조선 후기 집값 상승을 보여주는 희귀 매매 문서가 발견됐다. 이 문서에는 1777~1846년 한성부(서울)의 한 민가가 사고팔린 기록이 담겨 있다.

　1777년 정선방 대묘동(현 종로) 기와집이 275냥에 거래됐고, 1798년에는 500냥에 거래됐다. 1816년에는 600냥, 1821년에는 700냥으로 단계적으로 집값이 올랐다. 1845년 우치홍이라는 인물은 750냥에 집을 샀다가 이듬해인 1846년에 1,000냥에 팔았다. 일 년 만에 33%가 오른 셈이다. 참고로 1840년대에 1,000냥을 모으려면 16년 동안의 임금이 필요했다. 2021년 서울 아파트 PIR*(가구소득 대비 주택가격비율)은 12년이므로 180년 전 조선 기와집보다 현재 서울 아파트가 싸다는 결론이 나온다.

조선 전기의 문신 점필재 김종직(金宗直·1431~1492)은 셋방살 이의 설움을 한시로 풀어냈다.

"성중에 있는 몇몇 집들은 다 내가 머물러 살았던 집인데 때로 는 몰아 내쫓음을 당하여 동서로 자주 떠돌아다니었네."

김종직은 같은 시에서 지금의 명동인 명례방(明禮坊)에 있는 낙 안군수 조세종의 집에 세 들고 나서야 "남산 아래에 셋집 얻어 사 노니 나귀 타고 출퇴근을 할 만하다" 하며 안도하고 있다.

이처럼 조선시대에도 지금과 마찬가지로 셋방살이의 설움도 있었고, 집을 구할 때 출퇴근 시간이 중요한 기준이었음을 알 수 있다.

1970년대 후반에 은마아파트, 청실아파트, 남서울아파트는 평 당 65~68만 원에 분양했다. 국민평형 34평 기준으로 계산해 보 면 약 2,200만 원 정도이다. 당시 삼성의 대졸 초봉 월급은 12만 원이고, 연봉은 144만 원이었다. PIR로 보면 무려 15년이다. 지 금 기준으로 볼 때 집값이 2,200만 원이라고 하면 저렴했다고 느 껴지지만 당시 기준에서는 비쌌던 것이다.

---

* PIR: 가구소득 대비 주택가격비율, PIR이 10이라면 10년 동안의 소득을 한 푼도 쓰지 않고 모아 야 집 한 채를 살 수 있다는 의미이다.

출처: 한겨레신문 1988년 기사

1989년 신문기사의 제목을 보자.

"치솟는 집값 내집 꿈은 분노로"

"무주택자 60% 끝내 가망없어"

참고로 당시 강남구 32평 반포주공아파트 가격은 1억 5천만
원이었다. 당시에도 집값이 너무 비싸다며 국민들의 분노와 절망
이 가득했음을 볼 수 있다. PIR이 무려 24년이다. 지금보다 PIR이

2배나 높기에 소득 대비 집값이 얼마나 비쌌는지 유추해 볼 수 있다. 오히려 지금 집값이 싼 것처럼 보이는 착시도 생긴다.

그나마 누구나 인정하는 서울 아파트 가격은 사실 안정됐던 시기가 있었다. 무려 1991년부터 2001년까지 11년간이었다. 집값이 오랫동안 안정됐던 이유는 1991년 1기 신도시를 비롯해 전국에 200만호의 입주가 본격적으로 시작됐고, 1997년에는 IMF를 겪었기 때문이다. 그런데 집값이 안정됐던 11년간 PIR 평균은 약 12년이다. 놀랍게도 현재와 같다. 아무리 집값이 안정됐다고 해도 당시에도 체감상 매우 비쌌다는 의미이다. 이처럼 우리가 느끼기에 집값이 쌌던 적은 없다. 소득 대비 집값은 항상 비싸다.

숙주나물의 사이다 한 마디

조선시대부터 사람들은 부동산에 투자했고, 셋방살이는 서럽고, 직주 근접은 중요했다. 여기서 배워야 할 것은 예나 지금이나 부동산 투자로 돈을 벌었고, 셋방살이보단 집주인이 낫고, 가능한 직주 근접에 내 집을 마련해야 한다는 것이다.
지금껏 집값이 쌌던 적은 없다. 항상 소득 대비 비쌌다. 그렇기 때문에 집값이 폭락할 거란 기대에 내 집 마련을 미룰수록 헛된 희망만 될 뿐이다.

규제로 집값을
잡을 수 있을까?

늑대를 사냥하까!

1926년 옐로우 스톤이란 국립공원에서 일어난 일이다. 늑대가 가축을 먹어 치우고 사람을 공격하자 참다못한 사람들은 늑대를 사냥하기로 했다. 그때 죽은 늑대가 무려 약 10만 마리였다.

늑대가 사라지자 가축도 사람도 공격당하는 일이 없어졌고 마을은 평화를 되찾았다. 하지만 그 평화는 오래 가지 못했다. 늑대가 없어지자 엘크(피식자인 큰 사슴)의 수가 늘어나 나무와 풀을 다 먹어 치워서 공원은 엉망이 돼버렸기 때문이다. 풀숲과 나무가 없어지자 강둑은 무너졌고, 비버는 댐을 만들 수가 없었다.(비버는 튼튼한 앞니로 나무 등을 갉아 댐을 만들어 집을 짓는다.) 그러자 물고기

생태계도 엉망이 됐다.

사람들은 늑대만 없어지면 모두가 행복해질 거란 판단에 늑대를 전부 없앴지만 그 결과 숲은 사람도 살기 힘든 곳으로 황폐해지고 말았다. 늑대를 없애버리자 재앙이 닥친 것이다.

참새는 해로운 새다!

1949년 중국 인민의 뜨거운 지지를 받았던 모택동은 항상 경제 안정을 강조했고, 식량 확보와 증대를 위해 고심했다. 하지만 1958~1962년 이 기간에 무려 4천만 명의 중국인이 아사하는 충격적인 결과가 나타났다. 도대체 무슨 일이 벌어졌던 걸까?

1958년 모택동은 중국의 곡창지대인 쓰촨성에 농촌 현지 지도를 나갔다가 곡식을 쪼아 먹고 있는 참새떼를 보고 몹시 분노했다.

"우리의 곡식을 뺏어 가는 참새는 해로운 새다! 참새를 몽땅 잡아라!"

이후 전국적으로 대대적인 참새 박멸 운동을 벌이게 된다. 그리고 1958년 한 해 동안 무려 2억 1,000마리의 참새를 소탕했다.

그러나…. 그로 인한 생태계의 변화와 농사 성과는 더 큰 참담한 결과를 가져왔다. 참새는 곡식도 먹지만 해충도 잡아먹는다는 사실을 생각하지 못한 것이다. 중국은 해충으로 인한 곡물 생산의 막심한 피해를 보고 대기근을 겪게 되고, 이로 인해 4천만 명이 죽는 참사를 낳게 된다. 이 숫자는 중일전쟁 사망자보다 많다는 점에서 지도자의 판단이 얼마나 중요한지 알 수 있다.

우유 가격을 통제하라!

1793년 소시민층과 민중의 지지를 받으며 사회개혁과 중앙집권을 주장했던 프랑스의 지도자 '로베스피에르'. 그는 소시민들의 권리와 평등을 주장하며 농민에게 국유지를 매각하고 영주의 권한을 무상 폐지했다. 이러한 민중을 위한 정치를 펼치며 국민에게 '불행한 사람과 빈곤한 사람의 옹호자'라는 찬사를 받았다.

어느 날 서민들의 음식이었던 우유 가격이 조금씩 상승하자 로베스피에르는 우유 가격을 모두 내리라고 지시했다. 그러자 낙농업자는 우유를 팔아도 남는 게 없자 우유 장사를 하느니 젖소를 팔기에 이르렀다. 그에 따라 우유의 공급량은 급속도로 감소했고, 공급은 없는데 수요는 많으니 가격 인하 정책 전보다 훨씬 더 비싸졌다. 로베스피에르는 우유 가격이 폭등한 원인을 젖소가 먹는 건초 가격 때문이라고 판단했다. 건초 가격을 낮추면 낙농업자가 더 밑지는 장사를 하지 않아도 될 것이고 우유의 공급량이 늘어날 거로 생각해 건초 가격을 내리라고 지시했다. 그렇게 건초 가격을 낮추자 낙농업자에 이어 건초업자까지 생산을 중단하기에 이른다. 그리고 우유 가격은 이전보다 폭등했고 국민의 삶은 더욱 어려워졌다.

경제문제를 해결하기 위한 정부의 섣부른 시장 개입이 오히려 국민의 삶을 피폐하게 만든 것이다. 이처럼 시장원리를 거스르는 가격 통제는 위험하다.

앞에 세 가지 예에서 볼 수 있듯이 생태계를 고려하지 않는 규제는 처참하게 실패했고 심각한 부작용을 초래했다. 부동산 시장도 마찬가지다. 투기와의 전쟁으로 투자자들이 사라지면 심각한 부작용만 낳을 뿐이다.

늑대를 때려잡아서 숲이 황폐해졌듯이, 부동산 투자자를 때려잡는 세금을 올리는 규제를 할수록, 적극적으로 집을 사는 주체가 사라지니 건설사도 점차 집을 안 짓게 되고, 도시는 새집을 보기 힘들어 슬럼화가 진행될 수밖에 없다.

참새를 사냥해서 4천만 명이 죽는 끔찍한 일이 벌어졌듯이, 규제를 해서 부동산 투자자가 사라지면 전세를 제공하는 주체가 사라져 전세가는 치솟고, 임차인들은 참담한 심정으로 정든 동네를 떠나야 할 수밖에 없다.

우유 가격을 통제해 가격이 폭등했듯이, 분양가를 통제하면 조합원들의 이익은 줄어서 정비 사업을 포기하게 된다. 그에 따라 공급은 줄어서 기존 아파트의 가격은 폭등할 수밖에 없다. 임대료를 통제하면 임대인들은 수익이 나지 않기 때문에 임대를 포기하거나 보일러와 수도가 고장 나도 고쳐 줄 생각을 하지 않는다.

주거 여건은 갈수록 악화되고 결국 피해는 세입자들에게 고스란히 전가된다.

15년간 노벨 경제학상의 심사 위원장을 역임한 스웨덴 경제학자 아사르 린드벡은 임대료 규제를 두고 "도시를 파괴하는 가장 확실한 방법"이라고 말했다.

이처럼 징벌적인 규제로는 집값을 잡을 수 없다. 오히려 심각한 부작용만 초래한다. 징벌적 규제는 도시를 파괴하고, 매매 가격과 임대료를 더욱 불안하게 만들 뿐이다.

개발해야 할까?
vs 개발해서는 안 될까?

>>>　　　2009년에는 용산 참사 같은 부작용을 보며 뉴타운 및 개발의 피로감으로 개발하지 말자는 공감대가 형성됐고, 사회적 요구와 함께 개발을 안 하는 쪽으로 무게가 쏠렸다. 게다가 당시 수도권의 부동산 하락까지 맞물려 개발 의지까지 사라져버렸다. 개발을 안 하면 주택 가격이 상승하지 않으니 돈 없는 원주민이 쫓겨나는 일은 없으나 슬럼화는 급격하게 진행됐다.

도심 슬럼화의 부작용과 함께 좁은 골목에 소방차가 진입을 못 하는 등의 수많은 논란이 발생했다. 그에 따라 시간이 갈수록 개발 압력이 높아졌다. 분명 개발을 하면 주거의 질이 올라가고, 도시의 미관이 좋아진다는 장점이 있지만 서민주택은 사라지는 부작용이 발생한다.

예를 들어 19세대가 사는 다가구일지라도 단독주택의 일종이기 때문에 입주권은 한 개가 나오는 것이 원칙이다. 18세대는 주택을 잃게 되는 셈이다. 여기서 선택의 갈림길에 서게 된다.

- 개발하자니 서민주택이 사라짐
- 개발을 안 하자니 슬럼화 진행

"그래, 결심했어! 두 마리 토끼를 잡겠어! 개발하는 듯하면서 안 하는 것 같은, 바로 도시재생! (feat. 벽화)"

하지만 도시재생으로는 주거 환경이 크게 개선되지 않는다는 문제가 있다. 도시재생의 일환으로 설치된 전망대를 본 원주민은 이렇게 말한다.

"자괴감이 들더라고요. 마치 우리를 사파리에 사는 동물을 쳐다보는 듯한 느낌을 받았거든요."

원주민은 관광객이 쳐다보는 것에 자괴감을 느끼고, 새 아파트에 살고 싶은 원주민은 시간이 지날수록 많아진다. 낙후된 지역에 도로를 새로 깔고, 아파트를 짓는 등의 개발을 안 하니 당연히 공급은 줄고, 그에 따라 아파트 가격이 폭등하는 부작용까지 초래

된다. 여론도 개발의 필요성을 절감하자 다시 고민이 시작된다.

- 개발하자니 서민주택이 사라짐
- 개발을 안 하자니 슬럼화 진행 및 아파트 가격 상승

"그래, 결심했어! 개발하자! 단, 용적률을 높여서 서민주택인 임대주택을 잔뜩 짓자! 바로 공공재개발! 슬럼화도 막고, 공급도 하고, 서민주택도 짓고, 1타 3피!"

하지만 앞에서 언급한 도시재생을 한 동네는 이미 돈이 투입됐다는 명분으로 공공재개발이 불가능하게 되는데….

- **결론**
1. 선택은 사회적 분위기와 요구에 따라 결정된다.
2. 선택의 결과는 모두에게 좋을 수는 없다. 우리 모두의 몫이자 숙제이다.
3. 그럼에도 개발을 꾸준히 해야만 아파트가 많아져서 최소한 폭등은 막을 수 있다. 그에 따라 합리적인 가격과 깨끗한 환경으로 인해 주거의 질도 올라간다.
4. 뭐든 좋을 수 없는 것이 선택의 결과지만, 그래도 당장의 이슈보단 미래를 위한 선택이 필요하다. 꽃이 져야 새로운 꽃이 피는 법이다.

돈을 벌려면
이사를 자주 다녀라

>>>　　　나는 결혼하고 나서 이사를 자주 다녔다. 결혼한 지 9년 됐는데 이사는 8번 했으니 일 년마다 이사한 셈이다. 내가 이렇게 이사를 자주 다닌 이유는 원하는 가격에 집을 잘 팔기 위한 것도 있지만, 상급지의 집값 상승률이 더 크기 때문에 하루라도 빨리 상급지로 옮기는 게 자산 증식에 유리했기 때문이다. 또한 자신이 직접 거주해 본 지역은 아무래도 한두 번 임장을 다녀온 지역보다 훨씬 잘 알게 되므로 자연스레 지역 분석도 된다. 어느 곳이 아이를 키우기 좋은 환경인지, 상권이 발달돼 있는지, 선호하는 아파트는 어디인지, 학군지라면 어느 학교를 더 선호하는지 등 부동산을 통해 듣기도 하고 지역 카페에서도 정보를 얻을

수 있다. 꼭 이야기를 듣지 않더라도 퇴근 후와 주말에 주변을 산책하면서도 저절로 파악할 수 있다. 내가 결혼 후 지금까지 살아 본 곳을 순서대로 말하자면 경기도 군포시 산본, 서울 강북구, 동작구, 관악구, 경기도 부천시, 군포시 금정, 시흥시, 다시 부천시이다. 이곳은 눈 감고도 동네가 머릿속에 그려지고, 아파트 이름을 줄줄 말할 수 있을 정도이다.

먼저 내가 실거주하면 집을 팔기 수월한 이유를 알아보자.

임차인이 사는 상태에서 집을 파는 건 생각보다 어렵다. 임차인이 이사 계획이 없다면 적극적으로 집을 보여 줄 거라고 기대하기 힘들기 때문이다. 아무리 임차인이 집을 잘 보여 준다고 해도 집주인이 거주하는 것보다는 집 상태가 좋을 리 없다. 그래서 직접 이사해서 수리를 깨끗하게 하고, 적극적으로 집을 보여 주면 중개사에게 '잘 보여 주는 집'으로 각인시킬 수 있다. 그렇게 하면 중개사는 손님에게 내 집을 제일 먼저 소개할 것이고, 손님이 올 것을 대비해 깨끗하게 청소해 놓으니 계약이 성사될 확률이 높아진다. 이처럼 이사를 해서 실내장식을 하고, 집을 잘 보여 주면 원하는 가격에 팔 수 있는 확률은 올라갈 수밖에 없다. 이렇게까지 하는 이유는 부동산은 매도가 정말 어렵기 때문이다.

두 번째, 상급지로 꾸준히 이사해야 자산 증식에 유리한 이유를 알아보자.

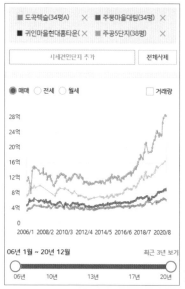

■ 도곡렉슬(34평A) ✕   ■ 주몽마을대림(34평) ✕
■ 귀인마을현대홈타운(✕   ■ 주공5단지(38평) ✕

시세권인단지 추가   전체삭제

● 매매 ○ 전세 ○ 월세   □ 거래량

28억
24억
20억
16억
12억
8억
4억
0
2006/1 2008/2 2010/3 2012/4 2014/5 2016/6 2018/7 2020/8

06년 1월 ~ 20년 12월   최근 3년 보기

06년   10년   13년   17년   20년

출처: 아파트실거래가(아실)
검색년월 2020.12.

위 그래프에서 강남(도곡레슬), 과천(주공5단지), 평촌(귀인마을 현
대홈타운), 산본(주몽마을 대림) 지역의 아파트 가격을 비교한 차트
를 보면 입지가 좋은 아파트는 시간이 갈수록 하급지와 가격차를
벌리는 것을 확인할 수 있다. 2013년 강남과 과천은 4억, 평촌과
산본은 1억 차이였는데, 2020년 강남과 과천은 12억, 평촌과 산
본은 3억 차이로 크게 벌어졌다. 이처럼 상급지로 적극적으로 이
사하는 이유는 비싼 아파트가 더 많이 오르기 때문이다.

모두가 선호하는 지역일수록 수요가 많고 그에 따라 가격 상승
의 압력을 더 크게 받는다. 그래서 하루라도 빨리 지금 지역보다
더 좋은 지역으로 이사해야 자산 증식에 유리한 것이다.

204 Chapter 6 │ 부동산 제대로 이해하고 투자하자

환경이 사람을 바꾼다

>>>　　　리처드 니스벳 미국 미시간대 심리학 석좌교수가 쓴《인텔리전스》에서는 환경과 문화가 사람을 바꾼다고 말한다.

코이라는 관상어는 작은 어항에 있으면 8cm밖에 자라지 않지만, 커다란 수족관에 있으면 25cm까지 자란다. 그리고 강물에 방류하면 120cm까지 자란다. 같은 물고기인데 환경에 따라 피라미가 되고 상어가 되는 신비한 물고기이다.

이처럼 주변 환경에 따라 엄청난 결과의 차이를 만드는 것을 빗대어 '코이의 법칙'이라고 부른다. 물고기 코이가 환경에 따라 성장하는 크기가 달라지듯이 사람도 환경에 따라 능력이 달라진다.

우리 집은 다른 집에 비하면 가전, 가구가 없는 편이다. 거실에

는 TV와 큰 소파를 두지 않았다. 대신 거실에서 가장 많은 시간을 보내는 만큼 자연스럽게 공부하는 시간을 갖기 위해 책상과 책장을 넣었다. 애초에 TV를 보며 시간을 낭비할 수 없는 환경을 만들었다. 자연스럽게 독서와 공부하는 시간이 전보다 늘었고, 이제 독서와 공부는 결심해서 하는 게 아닌 생활의 일부처럼 자연스러운 일상이 됐다. 코이의 법칙대로 환경이 나를 바꿔놓은 셈이다.

 숙주나물의 사이다 한 마디

코이의 법칙은 주변 환경과 생각에 따라 엄청난 결과의 차이가 생긴다는 것을 보여 준다. 이처럼 우리도 자신이 생활하는 환경을 스스로 어항으로 만들지 말고 강물이라 생각하며 꿈의 크기를 키워야 한다. 그렇게 하면 우리의 인생은 달라질 것이다.

조급한 마음

열정만 가득하고 돈이 부족한 사회 초년생은,
조급한 마음에 적은 돈으로 투자해서 쓰레기 수집가가 돼버린다.

퇴직금으로 갑자기 돈이 많아진 은퇴자는,
노후 대비를 위해 월세를 받고자,
상가 분양을 잘못 받아서 퇴직금을 날려버린다.

조급한 첫 투자,
실패는 필연적이다.

돈도 있고,
투자 지식도 동시에 갖췄다면 성공할 확률이 높겠지만,
처음부터 이 두 가지를 동시에 갖추기란 쉽지 않다.

'인내는 쓰고, 열매는 달다.'라는 말처럼
노동소득으로 목돈을 불리면서
투자 공부를 게을리 하지 않아야 한다.

조급한 마음보다,
인내가 필요하다.

숙주나물의
기본과 전략을 갖추는
부동산 투자 5원칙

1원칙 :
"쌀 때 사고, 비쌀 때 팔자"

>>>   "강세장은 비관 속에서 태어나 회의 속에서 자라며 낙관 속에서 성숙해 행복 속에서 죽는다. 최고로 비관적일 때가 가장 좋은 매수 시점이고 최고 낙관적일 때가 가장 좋은 매도 시점이다."

2008년 96세의 나이로 작고한 전설적인 투자가 존 템플턴의 말이다. 그를 두고 시장에선 '역발상 투자의 귀재'라는 칭호를 붙여 주었다. 그는 늘 최적의 투자 적기는 비관론이 팽배할 때라는 철학을 가지고 있었다. 이런 철학을 실천하기 위해 자신의 책상 위에 '위기는 곧 기회다'라는 명판을 놓았다고 한다.

워런 버핏은 장기적으로 볼 때 주가가 아주 싼 값에 거래된다고 판단될 때 매수하고, 시장 가치 이상으로 치솟으면 파는 것이 투자 비법이라고 말한다.

2017년 노벨 경제학상을 수상한 리처드 탈러 교수는 과거 3년간 수익률이 저조했던 주식에 투자하면 이후 3년간 투자 수익률이 시장 평균을 넘어 초과 이익을 얻을 수 있다는 연구결과를 발표했다.

존 템플턴, 워런 버핏, 리처드 탈러 교수가 말한 것을 정리하면 오른 것은 사지 말고, 내린 것을 사자는 것이다. 그러면 수익을 낼 수 있다는 얘기다.

부동산도 주식과 마찬가지로 상승과 하락을 반복하며 우상향하기 때문에 비싸게 거래될 때도 있고, 싼 값에 거래될 때도 있다. 만약 비쌀 때 사서 곧바로 폭락하면 가격이 회복할 때까지 오랜 시간 기다려야 하기에 한 마디로 투자 실패라고 할 수 있다. 그래서 적정가보다 높은 가격에 부동산을 취득하지 않으려면 현재 시세가 저가인지 고가인지부터 파악해야 한다.

그러면 적정가를 파악하기 위해서는 어떻게 해야 할까?

노벨 경제학상을 수상한 리처드 탈러가 말한 것처럼 3년간 수익률이 가장 낮은 것을 투자하면 앞으로 수익을 낼 확률이 높으므로 이런 종목이 투자 대상이다. 감정평가사(감평사)도 자산 가치를 평가하기 위해 적절한 대상을 골라서 비교하는 '비교 방식'

을 활용하는 것처럼 3년간 가격 비교를 통해서 가격의 적정가를 판단해 보자는 것이다.

그렇다면 어떤 보조 지표를 활용해야 저평가된 물건을 쉽게 찾을 수 있을까?

전세가율? 주택 구매력 지수(HAI)?, 주택구매 부담지수(PIR)?, 매수·매도 심리지수? 등 수많은 보조 지표가 있다. 물론 전부 살펴보면 좋겠지만 딱 한 가지만 뽑으라면 나는 '매매가격지수'를 추천한다. 매매가격지수를 활용하면 지역끼리 비교해 3년간 가장 상승률이 저조했던 지역을 쉽게 찾을 수 있기 때문이다. 즉, 리처드 탈러 교수가 주장한 대로 수익을 낼 확률이 높은 투자를 할 수 있다.

매매가격지수를 어디에서 확인할 수 있는지 살펴보자. 포털사이트에 '부동산통계정보시스템(www.r-one.co.kr)'을 검색해서 들어가면 첫 화면에 '전국주택가격동향조사'라는 메뉴가 보인다.

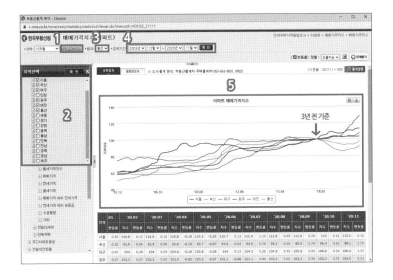

1. 지역에서 시도별, 시도권역별, 시군구별, 시군구권역별 중 원하는 지역 범위를 선택한다.

2. 지역선택에서 매매가격지수를 확인하고 싶은 지역을 클릭한다.

3. 월간, 분기, 연간 중 원하는 범위를 선택한다.

4. 검색 기간을 최대한 오래 전부터 최근 날짜까지 선택하고 확인을 클릭한다.

5. 지역별로 매매가격지수 차트를 확인해 최근 3년 동안 가장 상승률이 낮은 지역이 바로 투자 후보 지역이다.

상승률이 가장 저조한 지역은 매일같이 하락하니 시장 분위기가 매우 비관적일 것이다. 반대로 상승률이 가장 높은 지역은 매일같이 오르니 시장 분위기가 낙관적일 것이다. 3년간 상승률이 가장 저조했던 지역은 매수하고, 반대로 가장 상승률이 높은 지역은 매도를 고려해 보자.

숙주나물의 사이다 한 마디

투자는 비관적일 때가 가장 좋은 매수 시점이고
낙관적일 때가 가장 좋은 매도 시점이다.
투자란 비관적인 사람에게 사서
낙관적인 사람에게 파는 것이다.

2원칙 :
"인구가 많은 지역에 투자하자"

>>> 인구가 많은 지역일수록 일자리, 교통, 학군, 상권, 환경 등 인프라가 발달했기 때문에 사람들은 인구가 많은 대도시를 선호하므로 주택 수요가 그만큼 많아져 가격도 비싸다. 반대로 인구가 적은 지역일수록 상대적으로 인프라가 덜 발달돼 인구가 많은 대도시로 이사하려고 한다.

노벨 경제학상을 수상한 경제학자 폴 크루그먼은 여러 곳에서 생산해 기업의 운송비가 많이 발생하는 것보단 한곳에서 집중해 대량 생산하면 생산 단가가 떨어져 유리하며, 노동력도 구하기 쉬워 기업들은 대도시에 몰리기 쉽다고 했다. 이른바 규모의 경제다.

《도시의 승리》에서는 제조업의 몰락과 지식 기반 산업사회로의 이동 때문에 2000년 이후 대도시의 집값은 급등했다고 말한다. 또한 전국 각지의 인재들이 대도시로 모임으로써 음식, 패션 등이 발달하고, 남녀가 짝을 만날 기회도 많으므로 대도시는 흥하고 번성한다고 설명한다.

이처럼 사람들은 일자리, 문화, 짝 등을 찾기 위해 대도시에 몰린다. 그리고 그들이 주택을 구매하면서 전체 주택 상승률의 평균보다 더욱 상승하게 된다. 따라서 주택을 구매하려는 수요가 많아서 상승 기간이 길고 상승률도 높은, 인구가 많은 지역에 부동산 투자를 하는 것이 장기적으로 유리하다.

통계가 시작된 1986~2020년 전국 아파트 상승률을 보자.

서울 578.4%, 부산 433.55%, 대구 343.49%, 대전 268.3%이다.

이처럼 인구가 가장 많은 서울 그다음 부산, 대구, 대전 순으로 상승률이 가장 높은 것을 확인할 수 있다.

서울특별시는 대한민국의 최대 도시이자 수도이다. 지방자치법의 특별법으로 법률상 대한민국 제1의 도시로 규정돼 있다. 대한민국 면적에서 차지하는 비율은 0.6%이고, 인구는 약 1천만 명으로 대한민국 인구의 18.7%를 차지한다. 대한민국 인구 중 18.7%가 대한민국 면적 1%도 안 되는 곳에 모여 사는 셈이다. 인구밀도만 봐도 서울은 언제나 부동의 부동산 투자 1순위라는 사실은 누구도 부정할 수 없다.

경기도는 대한민국 북서부에 위치해 지리적으로 서울특별시와 인천광역시를 둘러싸고 있으며 두 개 시와 함께 수도권을 형성하고 있는 광역자치단체이다. 2021년 기준 인구는 약 1,300만 명으로 대한민국 전체에서 가장 인구가 많고, 유일하게 인구가 천만 명을 넘는 광역자치단체이다.

광역시는 행정안전부가 2011년 펴낸 행정구역 실무편람을 보면 광역시 조정 기준이 나온다. '법적 기준은 없으나 통상 인구 100만 이상의 도시로 면적, 지리적 여건, 잔여 지역에 미치는 영향, 재정 자립도 등을 종합 검토해 행정구역을 광역시로 조정한다'라고 밝히고 있다. 현재 광역시는 부산, 대구, 인천, 광주, 대전, 울산 등 6개 지역이 있다. 그 외 100만 명 이상이 되는 도시는 경남 창원과 충남 천안 아산이 대표적이다.

인구 50만 이상인 도시는 특례시로 규정하고 있다. 인구 50만 이상이면 주소에 구가 들어가서 대도시 느낌이 난다고 생각하는 사람들도 있다. 도시 계획을 담당하는 국토 계획 및 이용에 관한 법률에서도 인구 50만 이상인 도시를 대도시라 보고 일반 시·군보다 도시 계획에 대해 더 많은 권한을 부여하고 있다.

일반적으로 도시의 자족 기능을 충족하고 자생력 있는 도시의 인구 기준은 30만 명으로 보고 있다. 이 정도의 인구 규모가 돼야 생산, 유통, 소비 등 경제활동과 도시기반시설, 문화·예술·교육·의료·체육·쇼핑 등 시민 생활과 직결되는 도시 기능이 활성화돼 자족도시의 기능을 할 수 있다.

지금까지 인구수에 따른 도시의 특징을 알아봤다. 부동산 투자는 앞서 이야기했듯 규모의 경제가 충족되는, 인구수가 많은 지역에 투자하는 것이 장기적인 관점에서 볼 때 유리하다. 최소한 자족 기능과 자생력이 있는 인구 30만 명 이상의 도시에 투자하는 것을 권한다.

참고로 지역의 인구수를 확인하는 방법은 네이버에 '(지역명) 인구수'로 검색해 보면 쉽게 알 수 있다.

내가 투자할 지역을 선정할 때 고려하는 기준은 다음과 같다. 우리나라 수도 서울은 언제나 투자 1순위 지역이다. 경기, 인천을 비롯한 수도권은 서울 출퇴근 1시간 이내로 가능한 지역만 투자하는 것을 원칙으로 하고 있다. 비록 서울 권역이 아니어도 자체 일자리가 풍부한 지역인 화성과 평택도 투자 대상이 된다. 그 외

【 지역별 인구수 검색 방법 】

수도권 지역은 투자 대상에서 제외하고 있다. 지방은 5대 광역시인 부산, 대구, 대전, 울산, 광주 모두 대상이며, 강원도는 원주, 춘천, 강릉까지만 투자한다. 인구수가 많지 않지만 속초 같은 관광도시는 바다뷰가 나오는 아파트는 예외적으로 투자 대상에 포함

한다. 정리해 보면 다음과 같다.

서울 전 지역

경기, 인천 : 서울 출퇴근 한 시간 이내로 가능한 곳(화성과 평택 포함)

5대 광역시 : 부산, 대구, 대전, 울산, 광주

강원: 원주, 춘천, 강릉, 속초(바다뷰 아파트일 경우)

충북 : 청주. 충주

충남 : 천안, 아산, 당진, 서산

전북 : 전주, 익산, 군산

전남 : 여수, 순천, 광양

경북 : 경산, 포항, 구미

경남 : 창원, 김해, 양산, 진주

하지만 인구가 많은 지역이 무조건 1순위가 돼서는 안 된다. 적정 가치보다 과도하게 상승했다고 판단되면 인구가 아무리 많은 지역이어도 신중하게 투자를 고려해야 한다. 부동산은 상승과 하락을 반복하며 우상향하기 때문이다. 또한 역사적으로 영원히 상승하는 지역도, 영원히 하락하는 지역도 없다. 장기적인 관점에서 봤을 때는 당연히 인구가 많은 지역이 유리하지만 단기 고점에 물릴 수 있다는 최악의 상황을 염두하고 투자에 임해야 한다.

3원칙 : "향후 2년간 공급이 부족한 지역에 투자하자"

>>>　　　　노동가치설은 상품 가격은 생산에 투입한 시간과 원료의 양으로 결정된다는 이론이다. 한 마디로 공급자가 가격을 결정한다는 것이다. 이러한 노동가치설은 최초로 페티가 창시하고 스미스, 리카르도가 발전시키고, 마르크스가 비판적으로 수용하고 완성했다.

이를 비판하고 나선 오스트리아학파를 창시한 칼 멩거는 한계효용의 원리를 발견해 근대경제학의 선구자가 됐다. 그는 '한계효용은 상품의 가치는 공급자가 측정할 수 있는 것이 아니라 소비자의 주관적인 판단을 통해 결정된다'고 주장했다.

기존에 고전학파의 노동가치설은 가격이 결정되는 요인인 공급을 강조했고, 한계효용파 경제학자들은 수요를 지나치게 강조했다.

알프레드 마셜은 이 둘을 합쳐 수요와 공급이 만나는 지점에서 가격이 결정된다는 사실을 발견했다. 그 유명한 '수요 공급 곡선'을 만든 인물이다. 수요와 공급이 일치하는 점에서 가격과 생산량이 결정되고 이를 '시장의 균형'이라고 불렀다. 쉽게 말하면 팔고 싶은 사람보다 사고 싶은 사람이 많으면 가격은 상승하고, 사고 싶은 사람보다 팔고 싶은 사람이 많으면 가격은 하락하는 것이다.

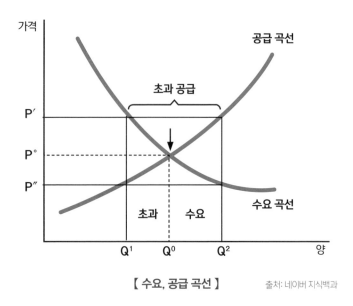

【 수요, 공급 곡선 】   출처: 네이버 지식백과

이처럼 가격은 수요와 공급 때문에 결정되듯이 아파트 역시 여러 요인 중 기본적으로 수요와 공급으로 가격이 결정된다. 그런데 공급의 중요성을 무시하는 일부 폭락론자들의 발언에 대다수의 국민은 혼란스럽다. 일부 폭락론자들은 이렇게 말한다.

"인구수도 그대로고 집도 그대론데 왜 집을 더 지어야 하느냐?"
"공급을 많이 하면 투기꾼들의 먹이가 될 뿐이다."
"앞으로 인구가 줄어드는데 공급이 무슨 의미가 있느냐?"

언뜻 들으면 맞는 말 같고 공급이 필요 없어 보인다. 하지만 여기에는 논리적 맹점이 숨겨져 있다. 그 이유를 설명해 보겠다.

재건축 요건은 30년이다. 그렇다면 아파트의 수명은 통상 30년인 것을 알 수 있다. 그런데 서울 아파트 평균 연식은 21년이다. 한 마디로 9년 후에는 쓸모 있는 아파트가 남아 있지 않다는 결론이 나온다.

사람은 100세 시대를 앞두고 있는데 서울시 인구의 평균 연령은 약 43세이다. 즉, 주택을 짓지 않으면 인구가 줄어드는 속도보다 주택이 줄어드는 속도가 더 빠르다는 계산이 나온다. 서울에서는 매년 5만 커플이 혼인한다. 혼인 신규 수요만 계산해도 매년 5만 채의 주택이 필요하다는 뜻이다.

공급을 안 한다면 9년 후 서울 아파트 평균 연식은 30년이 되고, 신규 수요는 지속해서 생겨서 주택이 크게 모자라는 사태에 이르게 된다. 이런 상황에 공급하지 말자고 주장하면 어쩌란 말인가. 기존 주택은 대안이 없는 희소성으로 인해 가격만 더욱 폭등할 뿐이다. 그래서 주택은 공급이 필요하다. 그것도 적정한 양으로 해야 한다. 공급을 안 하면 주택 가격은 폭등해 박탈감을 느낀 사람들로 인해 사회 문제가 발생하고, 너무 많이 공급하면 주택 가격은 폭락해서 사람들의 소비는 위축돼 경제가 침체되기 때문이다.

적정 공급량은 어떻게 알 수 있을까?

아파트의 공급량은 착공하면 3년 뒤 입주하는 물량으로 볼 수 있다. 수요를 알면 3년 뒤 입주하는 공급량이 적정한지, 부족한지, 많은지 파악할 수 있다.

그렇다면 아파트 수요는 어떻게 예측할 수 있을까?

정부는 국민의 주거안정과 주거 수준 향상을 도모하기 위해 10년 단위로 '장기주택종합계획'을 수립하도록 규정해 주택 수요를 조사한다. 이것을 활용해 살펴보자.

【 권역별, 유형별 신규 주택 수요 】 (단위: 천호)

지역	주택유형	2013	2014	2015	2016	2017	2018	2019	2020	2021	2022	평균
전국	총수요	399.3	399.5	395.9	394.1	388.4	384.5	381.9	385.0	384.6	387.9	390.1
	단독주택	40.4	41.8	43.0	44.3	45.2	46.3	47.5	49.9	51.6	53.9	46.4
	공동주택	359.0	357.7	352.9	349.8	343.2	338.2	334.4	335.0	333.0	334.0	343.7
수도권	총수요	219.0	220.0	218.9	219.0	216.6	215.8	215.3	215.3	215.1	216.8	217.2
	단독주택	11.4	12.0	12.4	12.9	13.3	13.8	14.4	14.9	15.5	16.2	13.7
	공동주택	207.5	208.1	206.5	206.1	203.3	202.0	201.0	200.4	199.6	200.5	203.5
충청권	총수요	52.6	52.2	51.7	51.3	50.5	49.8	48.9	50.0	50.1	50.3	50.8
	단독주택	8.7	8.9	9.2	9.4	9.6	9.8	10.0	10.6	10.9	11.3	9.8
	공동주택	43.9	43.2	42.6	41.9	40.9	40.0	38.9	39.5	39.1	39.0	40.9
호남권	총수요	29.1	29.4	28.9	28.8	28.4	27.9	27.7	28.3	28.2	28.6	28.5
	단독주택	5.3	5.5	5.7	5.8	5.9	6.1	6.2	6.6	6.8	7.1	6.1
	공동주택	23.8	23.8	23.3	22.9	22.4	21.9	21.5	21.7	21.5	21.6	22.4
대경권	총수요	32.7	32.5	32.0	31.6	30.9	30.1	29.7	30.1	30.0	30.3	31.0
	단독주택	5.3	5.5	5.6	5.7	5.8	5.9	6.0	6.3	6.5	6.8	5.9
	공동주택	27.4	27.0	26.4	25.9	25.0	24.2	23.7	23.8	23.6	23.6	25.1
동남권	총수요	49.3	48.7	47.6	46.7	45.4	44.5	44.0	44.3	44.3	44.8	46.0
	단독주택	5.3	5.5	5.5	5.6	5.7	5.8	5.9	6.2	6.4	6.8	5.9
	공동주택	44.0	43.4	42.0	41.1	39.7	38.7	38.0	38.1	37.9	38.1	40.1
강원권	총수요	12.9	13.0	12.9	12.9	12.8	12.7	12.6	13.1	13.0	13.2	12.9
	단독주택	3.5	3.6	3.7	3.8	3.9	4.0	4.1	4.4	4.5	4.7	4.0
	공동주택	9.4	9.3	9.2	9.1	8.9	8.7	8.5	8.7	8.6	8.5	8.9
제주권	총수요	3.8	3.8	3.8	3.8	3.8	3.8	3.8	3.8	3.8	3.8	3.8
	단독주택	0.8	0.8	0.9	0.9	0.9	0.9	1.0	1.0	1.0	1.1	0.9
	공동주택	3.0	3.0	3.0	2.9	2.9	2.8	2.8	2.8	2.8	2.8	2.9

출처: 장기주택종합계획(국토교통부 자료)

자료를 보면 전국 2021년 공동주택 수요는 33만 3천호인 것을 알 수 있다. 그리고 전국의 공동주택 가운데 아파트 비율은 평균 77.7%다. 그렇다면 2021년 기준, 전국의 아파트 수요는 약 26만 호로 계산된다.(33만5천 호*77.7%)

우리나라 인구 약 5,100만 명 중 아파트 수요 약 26만호의 비율을 구하면 0.5% 정도 나온다. 따라서 지역의 인구수마다 0.5%를 곱하면 주택 수요를 구할 수 있다.

부동산 어플리케이션인 '부동산 지인, 호갱노노, 아파트실거래가(아실)' 등에서 제공하는 공급량 산정은 이처럼 계산된다. 그렇다면 수급에 따라 아파트 가격이 어떻게 결정되는지 알아보자.

【 광주광역시 기간별 수요/입주 】

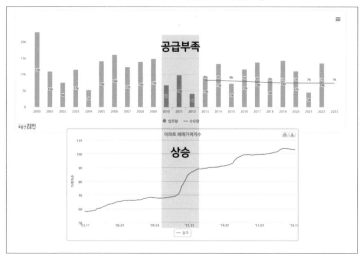

【 대구광역시 기간별 수요/입주 】

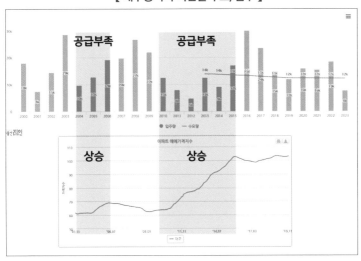

【 부산광역시 기간별 수요/입주 】

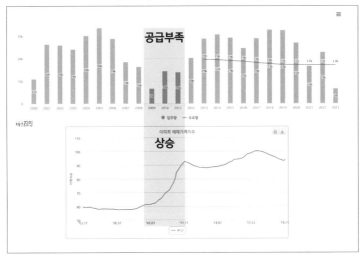

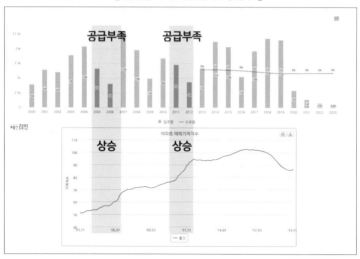

【 울산광역시 기간별 수요/입주 】

정확하게 입주 물량과 매매가격지수의 상관관계는 무서울 정
도로 일치한다. 입주 물량이 적으면 상승하고 많으면 하락한다.
그런데 수도권은 반대로 움직이는 것을 확인할 수 있다.

2009년부터 2013년까지 공급이 부족한데도 불구하고 수도권
가격은 하락했다. 그 이유는 무엇일까?

1. 그동안 많이 올랐기 때문에

수도권은 1999년부터 2009년까지 큰 조정 없이 무려 10년간 상
승했다. 그에 따라 수익 실현을 하려는 투자자들이 많아지면서
하락 폭을 키웠다.

【 수도권 기간별 수요/입주 】

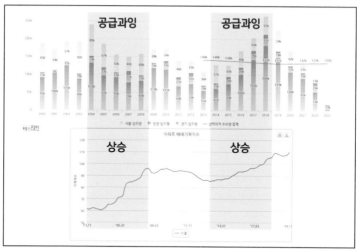

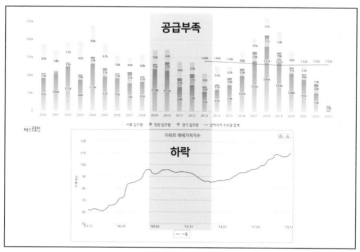

(출처: 공급량 – 부동산지인, 매매가격지수 – 한국부동산원)

2. 2008년 국제금융위기

미국은 닷컴 버블의 충격과 9·11테러까지 겹치자 침체한 경기를 부양하기 위해 초저금리 정책을 폈다. 2001년 기준금리 6.5%에서 2003년 1%까지 낮춘 것이다. 미국의 금융회사들은 이를 이용해 주택담보대출을 확대했고, 이는 부동산 가격 상승을 부추겼다. 이로 인해 신용과 소득이 낮은 사람에게도 주택담보대출 100% 이상의 주택 자금을 빌려주는 서브프라임 모기지도 활발했다. 그러던 중 과열을 우려한 미국 정부가 2006년 6월 기준금리를 5.25%까지 인상하자 신용도가 낮은 대출자는 높은 이자 부담을 감당하지 못하고 파산해 길거리에 내몰렸다. 또한 주택 경기가 좋아서 주택 공급량도 많았다.

그러자 미국 부동산 가격은 하락했고 주택담보대출을 확대한 금융회사는 순식간에 파산 위기에 처하게 됐다. 이때 세계 4위의 투자은행(IB)인 리먼 브러더스(Lehman Brothers)가 2008년 9월 15일 파산보호를 신청하면서 글로벌 금융위기를 촉발했다. 서브프라임 모기지 부실과 파생상품 손실에서 비롯된 6,130억 달러(약 700조 원) 부채를 감당하지 못한 것이다. 이는 역사상 최대 규모의 파산으로 기록되면서 글로벌 금융 시장과 부동산 시장에 엄청난 충격을 몰고 왔다. 마침 미국과 같은 기간 동안 우리나라의 수도권 집값은 오랜 기간 상승해서 거품을 키웠고, 국제금융위기와 맞물려 상승 심리가 꺾이기 시작했다.

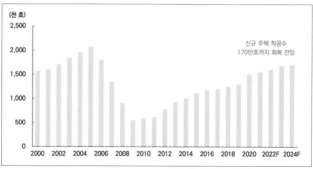

【 미국 신규 주택 착공 전망 】

(천 호)

신규 주택 착공수
170만호까지 회복 전망

출처: 미국 상무부, 미래에셋대우 리서치센터

3. 사전 청약

사전 청약은 본 청약 1~2년 전에 일부 물량에 대해 먼저 청약을
진행하는 제도이다. 사전 청약을 진행해서 실수요자들이 서울의
비싼 아파트를 급하게 매수해 폭등하는 것을 방지하고, 상대적으
로 훨씬 저렴한 반값 아파트를 선택하도록 유도하기 위한 제도이다.

　이명박 정부 당시인 2009~2010년 3차례에 걸쳐 서울시 강남
구 자곡동, 세곡동, 율현동 등 보금자리 주택지구에 대해 사전 청
약제를 시행했다. 그에 따라 주택 매수 수요는 서울 기존 아파트
를 매수하지 않고, 사전 청약을 기다리게 하는 효과가 있었다.

4. 혁신 도시

수도권 집중을 해소하고 낙후된 지방 경제를 지역 특화발전을 통
해 활성화함으로써 국가경쟁력을 확보하기 위한 대안으로, 2012

년에 정부청사를 세종으로 이전하는 등 수도권에 있던 공공기관
이 혁신도시로 지정한 지방으로 이전했다. 그에 따라 서울의 주
택 수요가 지방으로 분산되는 효과가 있었다.

5. 금리 인상

기준금리가 2005년 3.5%에서 2008년 5.25%까지 인상되면서
대출 부담을 느낀 대출자들이 집을 팔자 주택 가격 하락 폭을 키
우게 됐다.

6. 누적된 공급 과잉

1999년부터 상승한 수도권 주택 시장에 힘입어 2008년까지 주
택 공급은 과잉이었다.

　2009년부터 수도권 부동산이 하락한 이유를 정리해 보면, 10
년간 많이 오른 가격에 금리 인상과 누적된 공급이 맞물렸고, 국
제금융위기까지 덮친 결과였다. 그런데 내림세는 2013년에 들어
서 주춤하고, 8월을 기점으로 반등하기 시작했다.

　이번엔 반등하게 된 이유를 알아보자.

1. 빚내서 집 사라!

집값이 하락하자 부동산으로 돈 버는 시대는 끝났다는 인식이 팽배해지면서 모두가 주택 매수를 미루고 전세로 거주하기 시작했다. 그러자 전세가는 하루가 다르게 상승하기 시작하며 '미친 전세'라는 신조어도 탄생시켰다.

전세가 폭등은 사회문제였기 때문에 이를 두고 볼 수 없었던 정부는 주택 매수를 유도하기 위해 담보대출 비율과 한도를 상향하기에 이른다. '빚내서 집 사라'라는 말이 나온 게 바로 이때이다. 그에 따라 많은 사람들이 주택을 구매했다.

2. 금리 인하

2008년 한국 기준금리는 5.25%에서 2014년 2%까지 인하됐다. 주택담보대출 이자 부담이 현저하게 낮아진 까닭에 주택 매수를 하는 사람들이 늘게 됐다.

3. 누적된 공급 부족

2009년부터 주택 가격이 하락하자 주택을 매수하려는 심리가 꺾이면서 건설사도 주택 공급을 미루게 된다. 이때 용산 참사가 발생하면서 사회적 요구에 따라 서울은 정비사업 개발을 해제하기에 이른다. 그 결과 서울은 연 5만호의 공급이 필요한데, 2009~2013년 동안 연평균 3만 7,600호로 현저하게 부족했다.

4. 매매가와 근접한 전세가

주택 가격이 하락하면서 매수보다 전세를 선호하는 사람들이 많아지자, 전세가는 매매가에 근접하기에 이른다. 전세 물건도 없자 조금만 돈을 보태서 매수하려는 수요와 갭투자를 하는 투자자들까지 가세했다. 2009년부터 2014년까지 5년간의 하락장으로 인해 주택 가격은 충분히 저렴하다는 판단까지 더해져 상승세가 시작됐다.

지금까지 2009년부터 시작된 수도권 하락장과 2014년부터 시작된 상승장의 이유를 살펴봤다. 수도권은 규모가 가장 큰 만큼 상승과 하락이 입주 물량에 즉각적으로 반응하지 않으며 후행하는 것을 볼 수 있다. 즉, 상승 및 하락의 방향성이 결정되면 관성적으로 긴 시간 한 방향으로 움직이지만 결국은 누적된 공급량에 따라 주택 가격이 결정된다. 무게가 무거운 자동차일수록 제동거리가 긴 원리와 같다. 이러한 특성상 서울을 비롯한 수도권 주택 가격의 전망은 제각각이며 논란이 끊이질 않는다.

부동산 투자를 할 때는 투자 시점부터 향후 2년 이상 공급이 부족한 지역에 투자하는 원칙을 지키는 것이 좋다. 특히 공급량이 절대적으로 집값에 미치는 영향이 큰 지방은 필수적으로 확인해야 한다. 공급량이 많아서 충분히 하락하고, 향후 2년간 공급량이 부족한 지역에 투자하면 리스크가 해소되기 때문이다.

공급량을 확인할 수 있는 앱은 대표적으로 '부동산지인', '아파트실거래가(아실)'가 있다.

매도할 때도 공급량을 보고 미리 계획을 세울 수 있다. 주택 가격이 오르면 주택 구매를 하고 싶은 사람들이 많아서 건설사는 분양을 많이 하게 된다. 그러면 입주 물량이 쏟아지는 시기가 다가온다. 집을 파는 시기와 입주 물량이 쏟아지는 시기가 겹치면 매도가 어려울 수밖에 없다. 따라서 입주 물량이 쏟아지기 전에 매도 시기를 저울질하는 것이 좋다.

【 부동산지인 】

【 아파트실거래가(아실) 】

추가로 집을 잘 파는 팁을 소개한다. 사는 사람은 살짝 비싼 것 같은 느낌이 들고, 파는 사람은 살짝 싼 것 같은 느낌이 들어야 한다. 그래야 거래가 성사될 확률이 높다. 한마디로 서로가 아쉬운 마음이 들어야 거래가 된다는 의미이다. 원하는 가격을 다 받고자 콧대를 높인다면 거래가 성사되기 힘들다.

만약 부동산을 매도하는 시점이 상승장이라면 팔고 싶은 가격으로 웬만해서는 팔 수 있다. 하지만 보합이거나 하락장에서는 집을 보러 오는 사람도 드물어서 매수자가 나타났을 때 과감하게 조정해서라도 거래하는 것이 현명하다. 매수자가 메리트 있는 가격이라고 판단할 정도로 과감하게 낮춰야 팔린다. 괜히 '매수는 기술, 매도는 예술'이라는 말이 나오는 게 아니다.

4원칙 :
"비싼 아파트에 투자하자"

>>> 흔히 일자리가 가깝고, 교통, 학군, 상권, 환경 등이 좋으면 좋은 입지라고 말한다. 입지의 사전적 의미는 인간이 경제활동을 하기 위해 선택하는 장소라고 설명하는 것처럼 양질의 일자리가 많은 지역이 입지를 결정하는 요소 중에서 가장 중요하다. 일자리가 많고 교통이 좋은 지역이거나, 자녀를 위해서 학군이 좋은 지역이면 일자리가 멀어도 차순위로 사람들에게 선택을 받는다. 하지만 상권이나 환경만 좋다면 외면받기 마련이다. 일단 먹고사는 게 가장 중요한 법이다. 즉, 교통과 학군도 먹고사는 것과 깊은 연관이 있으므로 많은 사람에게 선택을 받는다.

입지가 좋은 지역이 수요가 많으므로 당연히 많이 오른다. 그래서 많은 부동산 투자자들은 직접 입지 분석을 해서 좋은 아파트를 찾으려고 애를 쓴다. 그런데 노력 없이도 쉽고 간단하게 입지가 좋은 아파트를 찾는 방법이 있다.

"바로 비싼 게 좋은 입지다!"

단순하지만 진리다. 주관적인 입지 분석을 통해 스스로 저평가, 고평가 여부를 판단하는 것보다 훨씬 정확하다. 시장에서 이미 냉정하게 판단한 가격 자체가 곧 현재 가치를 반영하고 있기 때문이다. 그러므로 해당 지역에 투자하겠다고 마음먹었다면 감당할 수 있을 한도 내에서 가장 비싼 아파트에 투자하는 것이 현명하다. 왜냐하면 비싼 아파트일수록 입지가 좋은 아파트이고, 입지가 좋으면 가격도 많이 오르기 때문이다. 앞에서 얘기했던 베블런 효과를 기억하자.

비싼 아파트를 쉽게 찾는 방법은 아파트실거래가(아실)에서 관심 있는 지역과 기간을 설정하면 가격이 높은 순으로 아파트가 나열된다. 다음에 나오는 이미지를 참고한다.

주관적인 입지 분석으로 저평
가됐다고 판단해 싸다는 이유
만으로 투자해서는 안 된다. 물
론 절묘한 시기에 맞춰 투자한다
면 소위 말하는 못난이로도 수익
을 낼 수 있다. 하지만 값싼 아파
트로 수익을 내기란 어려운 법이
다. 상승장에서 순서는 젤 늦게
찾아오고, 순서도 오기 전에 상
승장이 끝나면 오르지도 못한 채
하락하기 때문이다.

출처: 아파트실거래가

싼 게 비지떡이다. 물리더라도 비싼 물건에 물리는 게 낫다.

5원칙 :
"정부 정책에 대응하자"

>>>　　　지인은 전세 상승분으로만으로 수익을 올리고 싶어
했다. 예를 들어 한 채당 2년마다 500만 원씩 전세 보증금을 인
상하면 100채일 때는 2년마다 5억의 현금이 생긴다. 이러한 계
산으로 지인은 임대사업자 혜택을 이용해 신축 빌라의 채수를 늘
려 갔다. 임대사업자 혜택은 신축 주택의 경우 취득세가 200만
원 이하면 100% 면제고, 200만 원을 초과하면 85% 감면된다.
또한 전용면적 $40㎡$ 이하면 재산세가 100% 감면되고, 종부세도
합산되지 않는다.

　이러한 막강한 혜택은 무한대로 주택을 보유해도 보유세가 0
원이라서 부담이 전혀 없었다. 매매와 전세의 가격 차이가 없으

면 투자금 한 푼 없이도 무한대로 채수를 늘릴 수 있었다.

이러한 임대사업자 혜택이 과도하다며 연일 언론의 비판이 이어졌다. 그러자 정부는 2018. 9.11대책을 통해 임대사업자 혜택을 축소하기에 이른다. 9·11 이후에 취득한 주택은 임대 등록을 해도 종부세 합산배제 혜택을 없애버린 것이다. 지인은 이러한 사실도 모른 채 관성적으로 신축 빌라를 지속해서 취득했다. 뒤늦게 종부세 문제를 알아챘을 때는 수습할 수 없을 정도로 늦은 뒤였다.

여기서 배워야 할 건 소중한 나의 재산을 지키기 위해서는 정부 정책에 기민하게 대응해야 한다는 점이다. 지인의 사례처럼 정부 정책에 대응하지 않으면 심각한 위기에 빠질 수 있다. 뉴스와 정부 기관의 보도자료를 매일같이 점검해서 시시각각 변하는 정부 정책에 대응하자. 그래야 자산을 지킬 수 있다.

정부 정책을 한꺼번에 확인할 수 있는 사이트가 있다. 네이버에 'KDI 경제정책 시계열서비스'를 검색한다.

주제별 보기에서 부동산 〉 주택시장을 선택하면 오른쪽 그림과 같이 부동산 정책을 한눈에 정리된 화면으로 볼 수 있다.

【 정부 정책 확인하는 방법 】

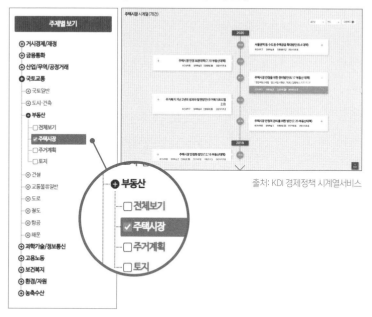

출처: KDI 경제정책 시계열서비스

이번엔 임대사업자, 법인, 무주택자, 1주택자, 다주택자에 따른 정부 정책 대응 방법을 알아보자.

임대사업자

2020년 7월 10일 이후로 4년 및 8년 임대사업자 제도는 폐지됐고, 10년 임대사업자 제도가 신설됐다. 아파트는 10년 임대 등록이 불가능하지만 다세대, 다가구, 오피스텔 등은 10년 임대 등록이 가능하다. 하지만 사실상 실효성 있는 혜택은 거의 없고 의무만 많이 생겼으므로 되도록 임대 등록은 하지 않는 걸 추천한다.

그럼에도 불가피하게 10년 임대 등록을 해야만 하는 상황이 생길 수 있다. 10년 임대 등록을 고려해야 할 투자자는 8년 장기 임대 등록한 물건이 아파트가 아닐 경우 말소되지 않고 유지되겠지만, 문제는 4년 단기 임대는 모두 폐지되고 그에 따라 자동 말소되는 비아파트 주택이 많을 때이다. 자동 말소가 되면 문제가 커진다. 왜냐하면 그동안 종부세를 합산배제 받았기 때문에 종부세가 부담될 수밖에 없다. 자동 말소되는 해에 주택을 모두 매각하면 좋겠지만, 여의치 않다면 종부세 절세를 위해서라도 불가피하게 10년 임대 등록을 고려해야 한다. 참고로 2018년 9월 13일 이후 규제지역에서 취득한 주택은 10년 임대 등록을 해도 종부세는 합산배제 되지 않는다.

법인

법인도 2020년 7월 10일 이후로 취득하는 부동산이 주택이면 개인과 똑같이 취득세 중과가 적용되며, 종부세는 무려 3~6% 단기 세율로 고정된다. 공시가 2억짜리 주택 5채가 있다면 종부세만 6,000만 원에 이른다. 법인으로 주거용 부동산을 투자하는 게 사실상 불가능하게 됐다. 그럼에도 법인을 이용해 부동산 투자를 하고 싶다면 가장 좋은 방법은 규제가 없는 비주거용 부동산이다. 주거용 부동산을 투자하고 싶다면 분양권과 입주권은 취득세와 종부세 부담은 없다. 하지만 법인은 중도금대출이 어렵기 때문에 투자금이 매우 많이 들어간다는 단점을 극복해야 한다. 또 전세 레버리지 투자를 한다면 종부세가 적용되는 기준 월인 6월이 되기 전에 처분하면 종부세는 피할 수 있다. 하지만 6월 전에 팔지 못했을 경우 막대한 종부세를 감당해야 하는 리스크가 있다.

무주택자

무주택자는 당연히 청약이 가장 좋다. 하지만 당첨 가능성이 없다면 일찌감치 포기하고 내 집 마련을 적극적으로 하기를 권한다. 만약에 빠른 시일 내 청약에 당첨될 가능성이 높다면 주거용과 비슷한 아파텔, 오피스텔, 생활형 숙박시설을 매입해서 거주하는 것도 좋은 전략이다. 이들 주택은 청약 시 주택 수에 포함되지 않기 때문이다. 인플레이션 방어를 하면서 청약까지 도전할 수 있는 셈이다.

1주택자

1주택자는 일시적 2주택 양도세 비과세 혜택을 활용해 상급지로 꾸준히 이사하며 자산을 늘려 가야 한다. 일시적 2주택 양도세 비과세 제도를 설명해 보겠다.

신규 주택 취득은 기존 주택 구입 1년 후에 해야 한다. 그리고 기존 주택을 2년 이상 보유한 상태에서 3년 이내 팔면 양도세를 비과세 해 주는 제도다. 하지만 기존 주택과 신규 주택이 둘 다 규제 지역이면 전입 및 처분 요건이 강화된다. 강화된 규제는 아래 이미지를 참고한다.

2020년 6.17대책 이후에는 규제지역 내 신규 주택을 취득하고 주택담보대출을 받는 경우 6개월 내에 기존 주택 처분 및 신규 주택 전입 의무가 부과된다.

이렇게 규제가 강화됨에 따라 상급지나 큰 평수로 갈아타는 것

출처: KB부동산

이 만만치 않게 됐다. 하지만 방법은 있다. 이사 가고 싶은 지역이 규제지역이라면 분양권보다 철거를 앞둔 재개발 입주권을 사는 걸 추천한다. 분양권은 취득세 중과가 있지만, 관리처분인가가 되고 철거가 된 입주권은 취득세 중과가 없기 때문이다. 또 분양권도 마찬가지지만 공사가 들어가면 전입 자체를 할 수 없어서 대출을 받으면 6개월 내, 대출을 받지 않으면 1년 내 전입 의무가 성립되지 않는다. 규제지역에 입주권을 산 곳이 공사가 다 끝나고 준공이 되면, 잔금 대출을 받았을 때 기존 주택을 6개월 내 처분하면 된다. 이처럼 입주권으로 갈아타면 취득세 중과도 없고 기존 주택을 팔 수 있는 시간적 여유도 있어서 갈아타기가 수월하고, 자산 증식에도 매우 유리하다.

다주택자

부자가 되고 싶다면 당연히 다주택자가 되는 것이 유리하다. 하지만 다주택자는 정부 정책의 직접적인 규제 대상이 되기에 투자 난이도가 만만치 않다. '투기와의 전쟁'의 대상자이며 적폐 소리도 들어야 한다. 그렇기 때문에 웬만한 각오 없이는 다주택자가 되면 안 된다.

　다주택자는 강화된 보유세에 대응해야 한다. 종부세 고지서가 나오기 전부터 계산해서 감당하기 힘들 정도로 부담된다면 자신이 보유한 물건을 리스트로 정리해 좋지 않은 물건부터 처분하는 것을 적극적으로 고려해야 한다. 새롭게 투자하는 주택은 종부세가 없는 분양권과 입주권을 추천한다. 특히 토지, 무허가 건물, 도로, 철거된 입주권은 주택이 아니기 때문에 취득세 중과가 되지 않는다. 토지 취득세 4.6%만 납부하면 된다. 분양권과 달리 입주권은 준공하고 새 아파트에 입주할 때도 취득세는 중과되지 않는다. 원시 취득이라 해서 준공 등기가 나면 분담금에 2.96~3.16% 취득세만 납부하면 된다. 또한 입주권은 다른 주택을 팔 때는 주택으로 보지만, 해당 입주권을 팔 때는 양도세 중과가 적용되지 않는다.

지금까지 각 포지셔닝에 따른 정부 정책에 대응하는 법을 살펴봤다. 정부 정책에 대응하지 않으면 심각한 위기에 빠질 수 있다. 그렇기 때문에 뉴스와 정부 기관의 보도자료를 매일같이 점검해서 시시각각 변하는 정부 정책에 대응하자. 그래야 피땀 흘려 모은 소중한 내 재산을 지킬 수 있다.

숙주나물의 5원칙을 활용한 투자법 정리

1원칙, "쌀 때 사고, 비쌀 때 팔자" → 시장 흐름

2원칙, "인구가 많은 지역에 투자하자" → 도시 규모

3원칙, "향후 2년간 공급량이 부족한 지역에 투자하자" → 공급

4원칙, "비싼 아파트에 투자하자" → 입지

5원칙, "정부 정책에 대응하자" → 세금

먼저 매매가격지수를 활용해 3년간 상승률이 가장 낮은 저평가 지역을 찾는다. 그중 인구가 많은 지역과 향후 2년간 공급이 부족한 지역으로 필터링해서 투자금을 최대한 잃지 않을 만한 안전한 지역으로 좁히자. 이렇게 하는 이유는 저평가된 지역을 찾

아도 그 지역이 더 하락할 수 있기 때문이다. 그래서 해당 지역의 공급량을 확인해 더 하락할 것인지 아닌지를 분별하는 것이다.

그렇게 찾아낸 지역은 충분히 하락했기 때문에 심리도 무너졌을 확률이 높다. 따라서 그 지역에 가장 비싼 아파트를 투자할 수 있는 절호의 기회다. 자신이 감당할 수 있는 한도 내에서 가장 비싼 아파트에 투자하자. 입지와 상품성이 좋은 아파트도 저렴한데 군이 최고가 순위에서 많이 밀려난 아파트에 투자할 필요는 없다. 상승장이 찾아오면 순위가 낮은 아파트일수록 상승이 늦게 찾아오기 때문이다. 자금이 부족하다고? 그래서 내가 1억부터 모으자고 주장하는 것이다.

비싼 아파트일수록 상승 차례의 앞 번호를 뽑은 셈이다. 그렇게 최고가 순서대로 본인의 투자금에 맞춰 입주권, 분양권, 전세 레버리지 투자, 경매 등을 이용해 정부 정책에 대응하며 투자하면 누구나 투자에 성공할 수 있다.

숙주나물의 5원칙을 활용해 투자 지역을 선정하는 법을 공유하니 눈으로만 보기보다 직접 찾아 보는 연습을 하기를 권한다. 이후에도 꾸준히 같은 방법으로 연습하다 보면 투자 지역을 선정하는 데 어렵지 않을 것이다.

1원칙 : 쌀 때 사고, 비쌀 때 팔자.

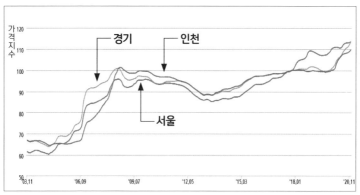

수도권 서울, 경기, 인천의 매매 가격을 비교해 보자. 경기 인천이 최근 서울보다 더 가파르게 상승하고 있는 것을 확인할 수 있다. 하지만 3년간의 상승률로 봤을 때는 서울, 경기, 인천은 비슷한 수준이므로 딱히 저평가 지역 없이 전부 투자 대상이 될 수 있다.

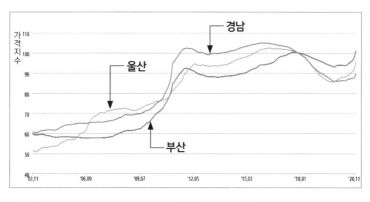

같은 생활권인 부산, 울산, 경남도 마찬가지다.

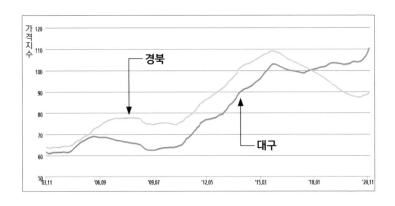

같은 생활권인 대구와 경북은 경북이 대구에 비해 확실히 저평가
인 것을 확인할 수 있다.

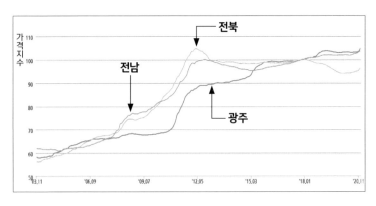

호남 지역은 전북이 저평가로 보인다.

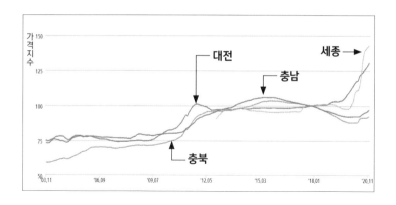

충청도 지역은 충북과 충남이 저평가로 보인다.

위의 방법처럼 같은 생활권을 묶어서 저평가 지역을 선별한다.
여기에 제주와 강원을 추가로 넣어서 저평가 지역과 같이 매매가
격지수를 확인해 보자.

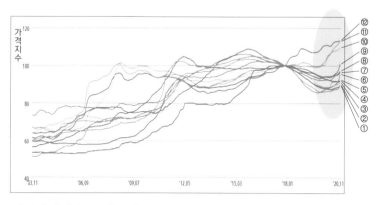

매매가격지수를 활용해 2020년 11월 기준 저평가 지역의 우선
순위를 확인하면 다음과 같다.

1. 경북	5. 충북	9. 부산
2. 경남	6. 울산	10. 인천
3. 강원	7. 전북	11. 경기
4. 제주	8. 충남	12. 서울

모두 투자 대상이 될 수 있지만 최대한 저평가 지역을 우선순위로 투자하는 것을 원칙으로 삼는다면 경북, 경남, 강원, 제주, 충북, 울산, 전북, 충남, 부산으로 압축해 볼 수 있다.

2원칙 : 인구가 많은 지역에 투자하자.

매매가격지수에서 저평가 지역을 찾았고, 그 지역에서 인구가 많은 지역으로 투자할 곳을 좁혀 보자.

경북 - 포항, 구미	**충북** - 청주, 충주
경남 - 창원, 김해, 진주	**울산**
강원 - 원주, 춘천, 강릉	**전북** - 전주, 익산, 군산
제주	**충남** - 천안, 아산, 서산, 당진
	부산

3원칙 : 향후 2년간 공급량이 부족한 지역에 투자하자.

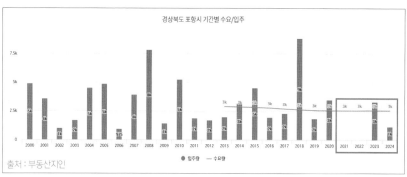

출처 : 부동산지인

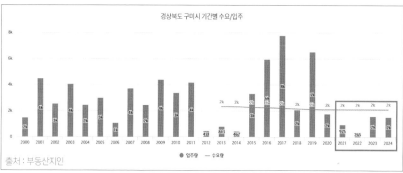

출처 : 부동산지인

경북의 포항, 구미 두 지역 모두 2021년 이후 입주 물량이 부족한 것을 알 수 있다. 포항, 구미 두 지역은 규모가 비슷하므로 투자 후보군으로 넣는다.

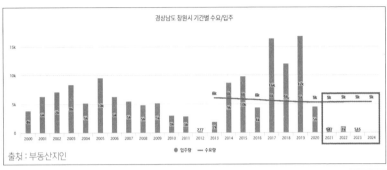

출처 : 부동산지인

출처 : 부동산지인

출처 : 부동산지인

경남의 창원, 김해, 진주 모두 입주 물량이 많이 부족하다. 창원
이 압도적으로 규모가 큰 도시이므로 경남에서 투자 지역은 창원
으로 압축하자.

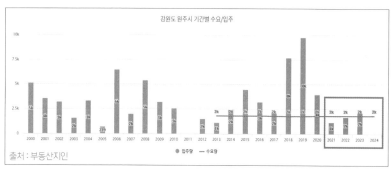

출처 : 부동산지인

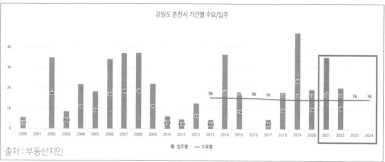

출처 : 부동산지인

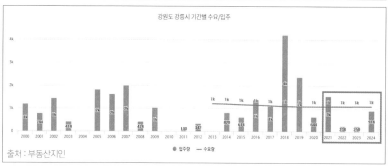

출처 : 부동산지인

강원은 춘천도 입주 물량이 부족하지만, 그보다 더 부족한 원주
와 강릉이 좀 더 안전해 보인다.

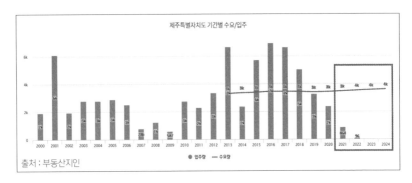

출처 : 부동산지인

제주는 입주 물량이 매우 부족한 것을 한눈에 볼 수 있다.

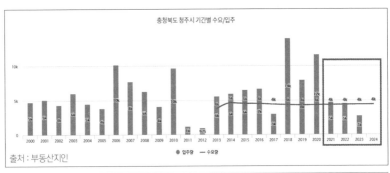

출처 : 부동산지인

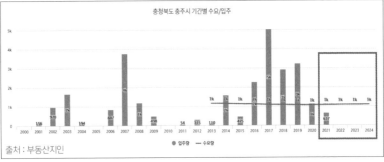

출처 : 부동산지인

충북은 청주가 충주보다는 입주 물량이 조금 더 있지만, 훨씬

큰 규모의 도시이므로 청주를 투자 대상으로 넣는다.

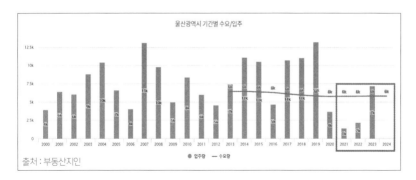

출처 : 부동산지인

울산은 2023년 입주 물량이 적정 수준이긴 하지만 21~22년

은 입주 물량이 부족하므로 투자하기에 나쁘지 않아 보인다.

출처 : 부동산지인

출처 : 부동산지인

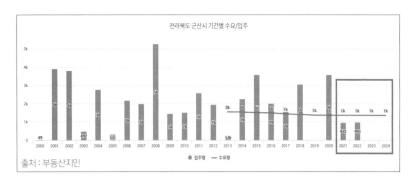

출처 : 부동산지인

　전북은 전주, 익산, 군산 투자하기에 모두 나쁘지 않아 보이지
만 가장 규모가 큰 전주를 투자 지역으로 선정하자.

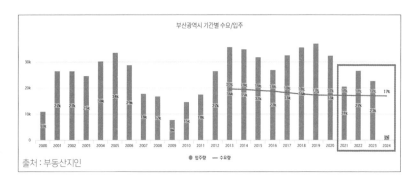

출처 : 부동산지인

　부산은 입주 물량이 부족한 지역은 아닌 것으로 판단된다. 입주
물량이 있어도 상승할 수 있지만 안전한 투자를 지향한다면 부산
은 투자 지역에서 제외하는 것을 고려한다.

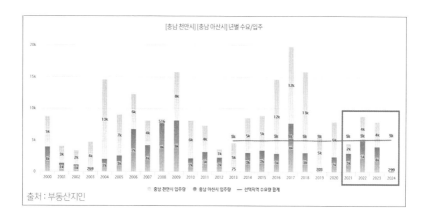

출처 : 부동산지인

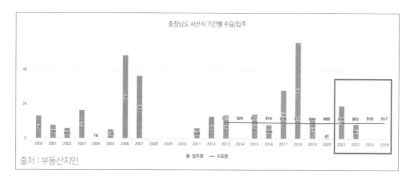

출처 : 부동산지인

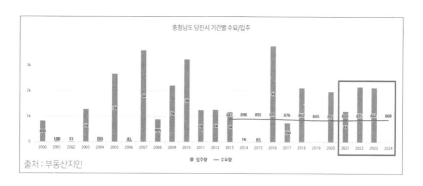

출처 : 부동산지인

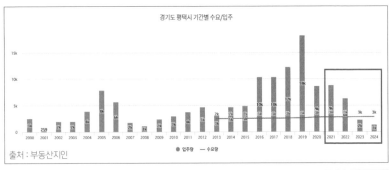

출처 : 부동산지인

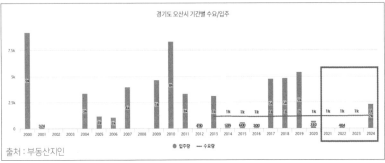

출처 : 부동산지인

충남의 천안과 아산은 입주 물량이 부족하지는 않지만 규모가 가장 크며, 서산은 입주 물량이 매우 적은 만큼 투자하기에 나쁘지 않아 보인다. 하지만 서산은 인구수가 20만 명도 안 되는 작은 도시라는 점이 아쉽다. 입주 물량이 꽤 많은 당진은 주의가 필요해 보인다. 평택과 오산은 행정구역상 경기도이지만 지리여건상 충남으로 봐도 무방하다. 가격 흐름도 같이 움직인다. 평택은 입주 물량이 부족하지는 않지만 추세적으로 줄고 있으며, 오산은 입주 물량이 매우 부족해 보인다.

그렇다면 2021년 1분기에 진입할 투자 지역을 최종 정리해 보자. 포항, 구미, 창원, 원주, 강릉, 제주, 청주, 울산, 전주, 천안, 아산, 서산, 평택, 오산이다. 이 지역을 '4원칙인 비싼 아파트'와 '5원칙인 정부 정책에 대응'해서 투자하는 것을 추천한다. 이것이 숙주나물의 기본과 전략을 갖추는 부동산 투자 5원칙이다.

숙주나물의 5원칙을 활용한
매도 여부 파악 방법

>>> 　　2015년 충남 서산 아파트를 투자했을 때였다. 매매 가격이 8,200만 원이었고, 담보대출 70%를 활용하면 5,900만 원까지 대출을 받을 수 있었다. 거기다 신용대출 1,000만 원을 추가로 받고, 월세를 보증금 1,500만 원에 월 35만 원으로 세팅하면 레버리지만 8,400만 원을 활용할 수 있어서 취득세 및 중개수수료, 법무비를 내더라도 투자금 한 푼 없이 아파트를 취득할 수 있었다. 무엇보다 대출 이자를 내더라도 월 순수익만 15만 원이었다.

매매가격: 8,200만 원
담보대출: 8,200×70%= 5,900만 원

신용대출: 1,000만 원
보증금: 1,500만 원
월세: 35만 원

　야심차게 수리도 직접 하기로 마음먹었다. 지금껏 집수리를 한 번도 해 본 적 없었지만 열정이 넘쳤던 나는 무턱대고 도전했다. 주중에는 회사를 다니고, 주말마다 서산에 가서 6주에 걸쳐 수리를 했다. 필요한 장비들은 모두 인터넷으로 주문했다. 하지만 처음 해 보는 수리가 잘 될 리 없었다. 문고리 하나 다는 데도 끙끙대며 2시간 이상이 걸렸고, 전기 작업을 하다가 전선에 손이 찔려 피가 나기 일쑤였다. 머리카락에 하얀색 페인트가 다 튀어서 언

【 Before 】

【 After 】

【 Before 】 【 After 】

【 Before 】 【 After 】

제나 백발 상태였다. 그렇게 좌충우돌 수리를 다 마치고, 자신 있게 중개사에게 월세 임차인을 구해달라고 부탁을 드렸다. 중개사는 집 상태를 확인하고는 이렇게 말하는 게 아닌가!

"수리 언제 하실 건가요?"

순간 나는 할 말을 잃었다. 너무 창피하고 당황스러웠다. 나름 열심히 했다고 했는데 중개사가 보기에는 수리 상태가 별로였던 모양이다. 허탈했지만 고민 끝에 다시 전문가에게 올수리를 맡겼다.

【 전문가에게 올수리를 맡긴 후 】

그러자 임차인을 쉽게 구할 수 있었다. 그런데 어찌 된 일인지 아파트 가격은 하루가 다르게 하락했다. 심지어 8,000만 원대였던 매매가가 4,000만 원대까지 하락했다. 한 마디로 아파트 가격이 반 토막이 나버린 것이다. 엎친 데 덮친 격으로 월세도 하락했다. 처참하게 투자에 실패한 것이다.

평일에는 회사에 출근하고 쉬고 싶은 주말마다 지친 몸을 이끌고 서산으로 향해 열심히 수리했지만 정반대의 결과가 나온 것이다. 실패한 원인은 도대체 무엇 때문이었을까? 그것을 알기 위해 5원칙을 적용해 보자.

1원칙, "쌀 때 사고, 비쌀 때 팔자" → 시장 흐름 (X)

2원칙, "인구가 많은 지역에 투자하자" → 도시 규모 (X)

3원칙, "향후 2년간 공급량이 부족한 지역에 투자하자" → 안전 (X)

4원칙, "비싼 아파트에 투자하자" → 입지 (X)

5원칙, "정부 정책에 대응하자" → 세금 (X)

충남 서산 지역은 투자하기 전까지 4년 동안 크게 상승한 시장이었다. 흐름으로는 쌀 때 샀다고 볼 수 없다. 인구도 17만 명으로 많지 않았으며, 향후 2년간 공급량이 부족하기는커녕 역사적으로 가장 많은 공급이 예정돼 있었다. 입지도 좋지 않았다. 정부 정

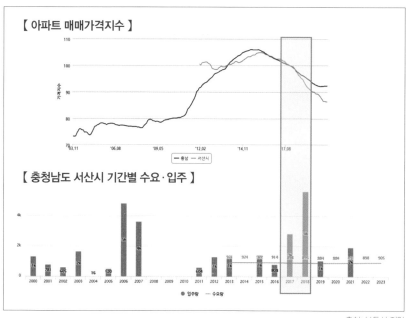

【 아파트 매매가격지수 】

【 충청남도 서산시 기간별 수요·입주 】

출처: 부동산 지인

책으로 대출을 강하게 규제했던 시기였기 때문에 이러한 지방 아파트의 수익형 투자는 후속 투자자들 역시 관심조차 없었다.

　이처럼 흐름도 좋지 않았고, 도시 규모도 작았으며, 안전하지도 않고, 입지도 안 좋았으며, 정부 정책에 대응도 하지 못했다. 5원칙 중에서 단 하나도 충족하지 못한 투자였다. 이런 투자가 성공할 리 있겠는가.

　2015년 당시의 나는 기본을 갖추지도 않은 채 전략적 사고 없이 마법 같은 수익률 딱 하나만 보고 투자했다. 그리고 페인트를 뒤집어쓰며 열심히만 하면 성공할 줄 알았지만 그것은 착각이었다. 골목식당 평택역 떡볶이 가게처럼 기본과 전략 없이 무턱대고 열심히 했기 때문에 투자에 실패한 것이다.

심지어 나는 실패한 투자가 한두 채가 아니었다. 그 당시 월세를 많이 받기 위해 서산 아파트 외에 다른 지역 지방 아파트 5채를 투자했다. 그리고 약속이라도 한듯 모두 하락했다. 급하게 벌려다가 급하게 망하는 전형적인 똥손 투자자였다.

뼈아픈 실패를 경험하고는 절대로 실패하지 않는 투자를 하기로 결심했다. 그리고 모든 것을 처음부터 다시 시작하기로 다짐하고, 기본부터 부동산을 공부했다. 그렇게 나온 것이 '숙주나물의 5원칙' 투자다.

기본과 전략을 갖춘 5원칙은 실패해서 얻은 결과물이고, 그 이후로는 단 한 번도 실패 없이 투자에 성공하고 있다. 이처럼 5원칙은 누군가에겐 당연하고 시시해 보일 수 있지만 좌절과 환희가 묻어 있는 내 투자 역사의 자부심이다. 당신의 투자도 숙주나물의 5원칙을 활용하면 투자에 성공 확률을 높이고, 보유 물건의 매도 여부까지 파악하는 기준을 제시해 줄 것이다.

나는 을이다

정부는 갑이다.
정부가 규제의 몽둥이로 때리면 어쩔 수 없다. 맞아야 한다.
맞서면 맞아 죽을 수도 있다.
때론 비판하더라도 을의 자세로 조아리고 대응하자.

임차인은 갑이다.
집 팔 때 세입자의 협조는 필수다.
을의 자세로 임차인의 심기를 불편하게 하지 말자.

부동산 사장님은 갑이다.
팔 때 내 집이 차순위로 밀릴 수도 있고, 살 때 좋은 매물을 뺏길
수도 있다. 갑에게 정성을 쏟자.

배우자는 갑이다.
아무리 확신이 들어도 논리적으로 배우자를 설득하지 못하면
투자해선 안 된다. 실패는 공동의 몫이기 때문이다.

독자님들은 갑이다.
내 글을 봐 주는 분들이 없으면, 글을 쓰는 의미도 없다.
항상 감사하는 마음을 갖자.

을의 자세가 곧 나를 위한 행동이다.
깨닫자. 을이 돈을 벌기 유리하다는 것을.

Chapter
8

흙수저가 성공하는
키워드 6가지

1. 책
- 부자가 되기 위한 필수 조건

>>>　　　토마스 콜레이가 쓴《부자의 습관》에서는 부자와 독서의 상관관계를 설명하고 있다. 연구에 따르면 부자 중 매일 30분 이상 책을 읽는 사람은 88%지만 가난한 사람 중에서는 단 2%만 책을 읽는다고 조사됐다. 부자의 64%가 차 안에서 오디오북을 듣는데, 가난한 사람 중 5%만 이에 해당한다고 한다. 부자는 독서를 하는 이유로 재미보다 '목적'을 추구하는 데 반해 가난한 사람은 '재미'를 추구한다고 한다.

　　30년 동안 약 1,200명의 부자를 인터뷰한 스티브지볼드는《부자들이 생각하는 법》에서 부자들의 학습 도구로 책을 꼽았다.

　　페이스북의 CEO 마크 저커버그는 라틴어 고전도 읽는 독서광이다. 그는 독서가 자신의 한계를 넘어서게 해 준다고 말한다.

마이크로소프트(MS)의 창업자인 빌 게이츠는 이렇게 말했다. "하버드대 졸업장보다 책을 읽는 습관이 더 중요하다."

스티브 잡스는 "세상에서 제일 좋아하는 것은 책과 초밥"이라며 책에 애정을 드러냈다.

워런 버핏은 "투자에서 이자가 복리로 불어나듯이 독서를 하면 지식이 쌓이고 그것은 복리 이자처럼 쌓인다."라고 했으며 책장에는 알파벳순으로 책을 보관하고 지금도 매일 500페이지씩 책을 읽는다. 그리고 바쁜 일정 속에서도 매일 일과의 80%를 독서에 사용한다.

테슬라 CEO 일론 머스크는 로켓 제작하는 방법을 어디에서 배웠냐는 질문에 "책에서"라고 간단히 답하기도 했다. 이처럼 슈퍼 리치들의 곁에는 항상 책이 있었다.

슈퍼리치들의 인생을 바꾼 책을 알아보자.

빌 게이츠는《경의 모험》을 "내가 읽은 최고의 경서"라고 말했으며,《위대한 개츠비》는 "가장 많이 읽은 소설"이라고 밝혔다.

스티브 잡스는《리어왕》이 "인문학에 관심을 끌게 한 책"이며,《혁신 기업의 딜레마》에서 "고객이 원하는 것은 고객도 모른다"는 구절에 매료됐다고 한다.

워런 버핏은《현명한 투자자》를 읽고 인생이 바뀌었다고 한다.

나는(슈퍼리치는 아니지만) 국내 서적 중에 브라운스톤의《부의 인문학》, 김승호의《돈의 속성》, 홍춘욱의《돈의 역사2》를 추천하고 싶다.

독서는 부자가 되기 위한 필수 덕목이다. 그런데 왜 많은 사람들이 책을 읽지 않는 걸까?

문화체육관광부가 발표한 '2019 국민 독서실태 조사'에 따르면 책 읽기가 어려운 이유로 시간이 없다가 27.6%로 가장 많았다. 그다음으로 책 읽기가 싫고 책 읽는 습관이 들지 않아서가 22%로 뒤를 이었다. 즉, 사람들은 시간이 없고, 습관이 들지 않아서 책을 읽지 않는 것으로 조사됐다.

책을 읽지 않은 이유가 궁색하기만 하다. 시간이 없다는 건 핑계에 불과하다. 하루에 단 30분만 투자해 10페이지씩만 읽어도 한 달이면 한 권은 읽을 수 있는데, 습관이 들지 않은 건 이러한 시도를 안 해 봤기 때문이다. 한 마디로 책이 삶의 우선순위에서 밀려 있고, 읽고자 하는 인내와 노력이 없던 것이다. 인내와 노력 없이 쉽게 얻어지는 열매는 없다. 책 읽기란 결코 쉬운 과정은 아니다. 부자가 되려면 참고 인내해야 하고, 그것이 부자가 되는 기본 덕목이다.

책을 하루 10분만 투자해 10페이지씩 읽는다면 1년이면 12권, 5년이면 60권이다.

책에는 성공한 사람들의 이야기가 담겨 있다. 그래서 책은 곧 스승이나 다름없고, 이들을 내가 원하는 시간과 장소에서 가장 적은 비용으로 만날 수 있는 가성비 좋은 투자이다. 하지만 단순히 책만 많이 읽는다고 좋은 것은 아니다. 아무리 저명한 저자가 쓴 책일지라도 모든 내용이 100% 정답이라고 할 수는 없기 때문이다. 따라서 모든 내용을 무조건 받아들이기보다 비판적인 자세도 필요하다. 이러한 독서 습관도 다독을 통해 자연스럽게 얻을 수 있다.

부자가 된 사람들의 공통된 취미가 독서였듯이, 부자가 되고 싶다면 독서를 꾸준히 해야 한다. 책은 성공한 사람들의 핵심 재료들이 압축돼 있다. 책을 통해서 성공의 재료를 꾸준히 모아야 나만의 요리를 만들 수 있는 법이다.

2. 블로그 글쓰기

>>   환경에 적응하는 자가 살아남는다는 적자생존은 최근 들어 '적어야 생존한다'는 의미로 많이 쓰인다. 글쓰기는 정돈되지 않은 수많은 생각을 모아서 하나의 개념으로 정리해 준다. 그리고 '글'이라는 필터를 통과해 명확한 생각으로 재탄생하게 만든다.

《12가지 인생의 법칙》의 저자 조던 피터슨은 글쓰기의 중요성에 대해 이렇게 말했다.

"생각하는 법을 배우기 위해서 글을 쓰는 것이다. 생각을 제대로 하면 살아가면서 더 효과적으로 행동할 수 있게 만들어 준다.

여러분들이 제대로 생각할 수 있고, 말할 수 있고, 글을 쓸 수 있다면 여러분 앞길을 막는 건 아무것도 없다. 그래서 글쓰기를 해야 한다. 여러분이 일관되고 정리된 주장을 만들어 발표할 수 있고, 계획을 제시할 수 있는 수준이 되면 사람들이 당신에게 돈도 주고 기회도 준다. 당신은 영향력을 가지게 된다. 글쓰기는 강력한 무기다."

세계 최고의 부자인 아마존 CEO 제프 베조스는 명확한 생각과 일관된 행동을 만들어 내는 글쓰기의 힘을 그 누구보다도 깊게 이해했다. 그는 2003년 직원들에게 모든 회의 자료 및 기획, 제안서 등을 A4용지 6페이지 글로 써서 제출하라고 지시했다. 이와 같은 제도가 현재까지 이어져 오고 있는 것을 보면 그 효과가 충분히 입증됐음을 알 수가 있다.

이처럼 스스로 생각하게 해 주고 자신의 사고를 바로잡는 글쓰기를 나는 되도록 블로그에 쓰기를 추천한다. 글을 쓰기 위해서는 정보를 습득(인풋)해야 하고, 정보를 타인도 이해할 수 있게 글(아웃풋)로써 설명해야 한다. 이러한 과정은 지식을 이해하고 활용하는 데 도움을 준다. 매일같이 글을 쓰려면 그에 따른 압박에 금방 지치고 지속하기 힘들다. 우리가 새해마다 다이어트를 다짐하고 헬스장을 등록하지만 운동하는 괴로움 때문에 3일도 지속하기 힘든 작심삼일과 같다. 고통스러우면 하기 싫은 법이다.

하지만 블로그에 글을 쓰면 댓글로 이웃과 소통하는 즐거움이 있다. 앞서 인간은 좋은 인간관계에서 행복을 느낀다고 했다. 즐거우면 계속하고 싶은 법이고, 지속해서 글을 쓰는 원동력이 된다.

게다가 글을 꾸준히 쓰면 그동안의 인풋과 아웃풋으로 지식이 풍부하게 쌓이면서 사업과 투자에 성공할 수 있는 역량도 키워주고, 돈을 벌 기회와 영향력도 갖게 된다.

나는 블로그로 하루 평균 1만 원의 수익을 내고 있다. 바로 애드포스트 광고 수익이다. 광고 수익을 얻기 위해서는 블로그 개설 90일 이상, 포스팅은 50개 이상, 일 평균 방문자 수가 100명 이상은 돼야 한다. 본문에 광고가 자동적으로 게재되고, 글의 노출도와 광고의 클릭수를 네이버가 산정해서 수입이 생기는 구조다.

【 블로그 애드포스트 광고 수익 】

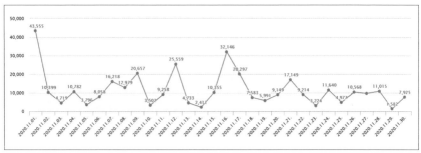

이처럼 나는 블로그에 글을 쓰면서 광고 수익도 얻고, 자연스럽게 시장을 보는 인사이트도 키울 수 있었다. 그러자 점자 블로그에 찾아오는 사람이 많아지면서 영향력도 커져서 강의도 할 수 있게 됐다. 또한 잘 키운 블로그는 마케팅 창구로의 역할도 한다. 나는 가장 자신 있는 분야인 빌라 투자에 대한 글을 써서 전자책을 만들어, 이를 블로그에 홍보하고 판매해 수익을 창출했다. 지금 내가 이 책을 쓸 수 있게 된 것도 블로그 이웃이자《책으로 시작하는 부동산 공부》의 저자인 레비앙님의 추천으로 출판사로부터 제안을 받게 돼 가능하게 된 일이다.

이처럼 블로그 글쓰기는 영향력을 키워 주고 수익을 창출할 수 있는 기회를 제공해 준다. 우리 모두 적어야 생존하는 '적자생존'을 기억하자!

3. 유튜브, 4. 재테크, 5. 사업

>>>   블로그뿐만 아니라 유튜브도 하기를 권한다. 왜냐하면 유튜브는 최근에 가장 많은 사람들이 찾는 사이트이기 때문이다. 유튜브를 통해서 고객(구독자)부터 모집하는 게 중요하다. 비즈니스의 천재라고 불리는 소프트뱅크의 손정의 회장은 이렇게 말했다.

"사람이 모여드는 장소만 만들면 나머지는 간단하다. 돈을 버는 것은 그 후에 생각하면 된다. 우선은 사람을 모으라."

그만큼 비즈니스에서 중요한 것은 '고객 모집'이다. 자신의 비법이나 서비스 및 상품을 아무리 향상한다고 해도 고객을 모으지 않으면 비즈니스에서 어려움을 겪을 수밖에 없다. 유튜브 자체만으로도 광고 수익이 창출되지만, 자신의 아이템을 고객(구독자)에게 팔 수도 있다. 심지어 국내에만 국한되는 것이 아니라 전 세계인을 상대로 장사를 할 수도 있다. 유튜브는 1인 미디어 시대에 맞게 자신의 브랜드 가치를 높여 주고, 경쟁력을 쌓도록 도와주기까지 한다.

〈한국 부자 보고서〉에 따르면 사업과 부동산 투자가 부의 원천이라고 밝히고 있다. 사업과 부동산 투자를 잘하려면 다시 한 번 강조하지만 첫 번째로 책을 읽는 것이다. 지식이 쌓이면서 재테크와 사업의 역량을 키워 주기 때문이다. 그리고 개인이 할 수 있는 것 중에서 사업 마케팅의 효과가 가장 큰 네이버의 블로그와 구글의 유튜브를 시작해서 그동안 쌓인 역량을 마케팅 창구로 활용하면 투자와 더불어 사업까지 성공할 수 있다.

6. 꾸준함

>>> 많은 사람들이 소위 고수라고 불리는 투자자들을 보며 부러워하고 그들처럼 되고 싶어 한다. 내가 생각하는 고수는 배움을 멈추지 않는 꾸준함 속에서 다양한 도전을 많이 한 사람들이다. 수많은 도전을 통해 다양한 시행착오를 겪고 해결하는 과정에서 특별한 비결을 얻었기 때문이다.

이러한 이유로 누군가는 고수가 되기 위해 무엇보다 경험이 중요하다며 하루빨리 도전하라고 말한다. 그런데 나는 이렇게 말하고 싶다.

열심히 한 만큼 보상을 받을 것 같지만 무턱대고 열심히 하면 매우 위험하다. 자칫 한 번의 실수로 회복하기 힘든 치명타를 입을 수 있기 때문이다. 빠르게 돈을 벌고 싶은 욕심에 경험을 빨리 쌓고자 투자한다면 단 한 번의 실패로 투자의 세계를 떠나야 할 수도 있다. 그리고 수십 년이 지나도 자신의 문제점을 깨닫지 못하는 경우도 비일비재하다.

성공한 사람들만 활발히 활동하는 법이고 우리는 이들만 보기 때문에 빨리 도전하고 경험을 쌓으면 성공할 수 있을 것 같지만, 절대 다수의 실패자는 말없이 사라졌다는 걸 잊어서는 안 된다.

나는 첫 투자를 하고 싶은 사람들에게 이렇게 조언한다.

1. 재테크 책 30권 이상 읽기(권장 100권)

2. 특강 5회 이상 듣기(권장 10회)

3. 정규 강의 1회 이상 듣기(권장 3회)

적어도 위 3가지 임무를 달성하고 첫 투자를 하라고 말한다. 즉, 책으로 기본을 배우고, 강의를 통해 성공한 선배들의 발자취를 따라가는 전략이다. 본인의 결정이 옳다고 자만하지 말고 성공한 고수들을 최대한 많이 만나서 공통된 접점(꾸준함, 부지런함, 인내, 실행력)을 찾아 의심하지 말고 따라 하자. 그동안 성공하지 못했다면 자신의 모든 게 틀렸음을 먼저 인정해야 한다. 그래야 성공한 사람들을 의심하지 않고 따라 할 수 있는 법이다. 덧붙여 뉴스 보기, 글쓰기, 보고서 읽기, 시계열, 다양한 채널 등을 보고 들어야 한다. 보고 들은 건 항상 글로 정리하는 게 좋다. 그래야 내 것으로 흡수할 수 있고, 이것들을 꾸준히 하면 전체 시장이 돌아가는 것이 보인다.

흙수저가 성공하기 위해서는 꾸준함이 무엇보다 가장 중요하다. 책을 꾸준히 읽고, 책에서 얻은 통찰력을 블로그에 꾸준히 정리하면 재테크와 사업을 잘할 수 있는 역량과 아이디어를 자연스럽게 쌓을 수 있다. 이러한 역량과 아이디어는 마케팅 창구인 유튜브와 블로그를 만나 흙수저도 성공하게 만들어 준다.

독일의 철학자 '니체'는 모든 위인의 성취가 '열정적 진득함'이라고 말했다. 《그릿》의 저자 펜실베니아 교수 앤절라 더크워스는 10년간의 연구 끝에 성공의 공식을 찾아냈다. 그것은 '끝까지 해내는 것'이라고 밝혔다.

그렇다. 성공의 비결은 '꾸준함'이다. 단번에 잘 될 수는 없다. 꾸준함으로 지금의 고수라고 불리는 투자자들을 있게 한 것이다. '꾸준함' 이것이 《부동산 투자 필승 공식》이다.

아내의 추천으로 읽게 된 부동산 책 한 권. 당시에 받았던 충격을 아직도 잊지 못합니다. 매일같이 흥분돼서 잠을 이루지 못했습니다. 그 이후 경제서적을 닥치는 대로 읽기 시작하면서 저의 가치관은 송두리째 바뀌게 됐고, 평생 그림만 그렸던 그림쟁이에서 부동산 투자자의 길로 들어서게 됐습니다.

직장 생활과 비교할 때 전업 투자자의 길도 만만치 않지만, 목표가 없던 직장인일 때보다 미래에 대한 희망을 갖게 된 요즘 더욱 행복한 하루하루를 보내고 있습니다. 만약 아내를 만나지 못했더라면 부동산 투자는 시작도 하지 못했을 것이고, 지금의 행복은 느끼지 못한 채 직장에서 언제 잘릴지 모르는 불안함을 느끼며 살았을 것입니다. 그런 점에서 이 책을 쓸 수 있게 된 것도 아내 덕분입니다. 이 자리를 빌려 지금 세쌍둥이를 임신해 고생 중인 사랑하는 아내에게 고맙다는 말을 전합니다.

어머니는 평생을 가난하게 살았지만, 미래를 위해 현재를 희생하며 자식 교육에 투자하셨습니다. 덕분에 저는 그림의 재능을 찾아서 밥벌이할 수 있게 됐고, 부동산 투자를 할 수 있는 토대를 마련할 수 있었습니다. 평생 자식을 위해 헌신하신 사랑하는 어머니 감사합니다.

어머니와 같이 평생을 가난하게 사셨던 나의 아버지.

우리를 키우느라 한평생을 일용직 노동자의 삶을 살며 노후 준비를 못 하셨던 아버지.

노후 준비를 하지 못해서 은퇴하지 못했고, 칠순을 앞둔 나이에도 매일 이른 새벽에 일터에 나가셨던 아버지는 어느 날 현장에서 돌아가셨습니다.

아버지, 저는 아버지의 희생으로 부족함 없이 자랐습니다. 죄송하고, 사랑하고, 감사합니다.

좋은 출판사를 소개해 주신 레비앙님, 더 좋은 책을 만들기 위해 애써 주신 김주연 편집실장님과 독자교정단, 디자인 IF, 책을 쓸 기회를 주신 더스 출판사 조상현 대표님께도 감사 인사를 전합니다.